Johannes von Müller, Johannes von Müller

Aus Johannes von Mullers handschriftlichen Nachlasse

Johannes von Müller, Johannes von Müller

Aus Johannes von Mullers handschriftlichen Nachlasse

ISBN/EAN: 9783743427310

Hergestellt in Europa, USA, Kanada, Australien, Japan

Cover: Foto ©ninafisch / pixelio.de

Manufactured and distributed by brebook publishing software (www.brebook.com)

Johannes von Müller, Johannes von Müller

Aus Johannes von Mullers handschriftlichen Nachlasse

AUS

JOHANNES VON MÜLLER'S

HANDSCHRIFTLICHEM NACHLASSE.

Von

Dr. K. HENKING.

Beilage zum Osterprogramm des Gymnasiums Schaffhausen
1884.

Auf den beiden nennenswerthesten wissenschaftlichen Bibliotheken zu Schaffhausen, der Stadt- und der Ministerialbibliothek, vornehmlich auf der erstern, liegt der handschriftliche Nachlass des Geschichtsschreibers, welchen die bewundernden Zeitgenossen den schweizerischen Tacitus nannten: Johannes von Müller's. Mit rührender Pietät hat sein edler Bruder Johann Georg Müller Alles, was an den grossen Todten erinnerte, bis auf die geringfügigsten Blättchen und Zeddelchen, gesammelt und als theures Erbe seiner Vaterstadt hinterlassen. Hunderte und wieder Hunderte von Gelegenheitsschreiben, Einladungskarten, Empfehlungs-, Bettel- und Dankbriefen, Tagebüchern, Rechnungen und von ähnlichen zum Theil vollkommen werthlosen Schriftstücken finden sich hier bei den ersten, oft sehr abweichenden Entwürfen und den abgeschlossenen Manuscripten seiner grossen Geschichtswerke und kleinern wissenschaftlichen Abhandlungen und Recensionen, bei den 43 Foliobänden (Rerum humanarum libri XXX) und Tausenden von losen Blättern, welche Excerpte aus vielen Hunderten von Schriftstellern der verschiedensten Zeiten und Völker enthalten und das beste Zeugniss für den Riesenfleiss unseres Geschichtsschreibers ablegen.

Den werthvollsten Theil dieses Nachlasses bildet ohne Zweifel die ungemein umfangreiche Correspondenz mit einer grossen Anzahl der bedeutendsten Männer seiner Zeit, hervorragenden Schriftstellern, Gelehrten, Staatsmännern und Feldherren. Vieles ist bereits entweder in den Ausgaben der sämmtlichen Werke

---

Anmerkung. Erweiterung eines an der Jahresversammlung der allgemeinen geschichtsforschenden Gesellschaft der Schweiz am 25. September 1883 zu Schaffhausen vorgetragenen Referates, mit Ausnahme der Beilagen zuerst abgedruckt im Jahrbuch für schweiz. Geschichte 9. Band 1884, dessen Verleger Herr S. Höhr in Zürich in zuvorkommendster Weise diesen Separatabdruck gestattete.

Johannes von Müller's oder in der Sammlung der «Briefe an Johannes von Müller» durch Maurer-Constant, oder in der Ausgabe des Briefwechsels einiger mit dem Geschichtsschreiber in enger Verbindung gewesener Männer an die Oeffentlichkeit gelangt; vieles, das einer weitern Verbreitung nicht unwürdig wäre, ruht noch im Staube der Bibliotheken. Die Ausgabe der sämmtlichen Werke, von Johann Georg Müller sofort nach dem Tode seines berühmten Bruders begonnen, war gerade in Bezug auf die Auswahl aus der sehr umfangreichen Correspondenz durch mancherlei persönliche und politische Rücksichten beeinträchtigt, und die Lücken, welche sie aus diesem Grunde zeigt, sind bis heute noch nicht in befriedigender Weise ausgefüllt. Vielleicht liesse sich durch die Erfüllung dieser Aufgabe das vielfach schwankende Urtheil über den grossen Schweizer in ein feststehendes umwandeln.

Besondere Beachtung verdient meiner Ansicht nach die reiche Fülle politischer Berichte und Gutachten, die Johannes von Müller in seinen amtlichen Stellungen zu Mainz, Wien, Berlin und Kassel verfasste und die beweisen, dass der vorzügliche Schilderer alter Zeiten auch seine eigenen Zeitverhältnisse mit klarem Blicke zu beurtheilen verstand. Mit warmer Liebe ergreift er vor allem die Gelegenheit, wo er in seiner diplomatischen Stellung seinem Vaterlande gute Dienste zu leisten vermochte. Was Müller in dieser Beziehung gewirkt hat, darf nicht unterschätzt werden. Mir hat sich, nur ein Beispiel zu erwähnen, die Ueberzeugung aufgedrängt, dass für eine vollständige, erschöpfende Darstellung der traurigen Vorgänge der Jahre 1797—1799 in unserm Vaterlande die Berücksichtigung des Müller'schen Nachlasses unumgänglich nothwendig ist.

Wenn auch der junge Schaffhauser, zum Manne herangereift, in der Erkenntniss, dass die engen Verhältnisse seines Vaterlandes seinem aufstrebenden, nach hohen Idealen ringenden Geiste nicht die genügende Nahrung zu verschaffen vermochten, die Schweiz verliess, um nie mehr in ihr eine dauernde Stellung einzunehmen, so blieb er doch während seines ganzen

Lebens, durch ein mächtiges Geschick von Ort zu Ort, von Hof zu Hof getrieben, nirgends eine bleibende Heimat findend, dem Lande, in dem seine Wiege gestanden, in unverbrüchlicher Liebe zugethan. Man hat ihm nicht mit Unrecht eine gewisse Unbeständigkeit, eine zu grosse Lenkbarkeit und Beweglichkeit des Charakters vorgeworfen, ein Vorwurf, der von anderer Seite mit Unrecht bis zur Anklage von Treu- und Charakterlosigkeit gesteigert wird; für seine Beziehungen zu seinem Vaterlande darf auch die leichtere Form der Anklage nicht erhoben werden. Es kann allerdings vorkommen, dass wir Müller auf einem diplomatischen Umweg begleiten müssen; aber dem unbefangen Urtheilenden wird es nicht schwer sein, das Ziel mit dem Führer im Auge zu behalten. Natürlich kann und wird man auch zu jeder Zeit, so lange politische Parteien in der Schweiz existiren, über das, was er als das Wünschbarste anstrebte, verschiedener Meinung sein; dies soll aber niemals dazu führen, einen Zweifel gegen die Reinheit seiner Absichten zu erheben. Wie die Beschäftigung mit der Schweizergeschichte seine liebste Arbeit, bei der er sich erholte und begeisterte, war, so war er eifrig bestrebt, auch mit Rath und That für sein Vaterland zu wirken. Mit zahlreichen der edelsten und einsichtsvollsten Eidgenossen stand er im engsten brieflichen Verkehre; über die Verhältnisse, Vorgänge, Stimmungen in der Schweiz liess er sich beständige Berichte zuschicken, um auch in der Ferne ein möglichst vollständiges Bild, ein möglichst getreues Urtheil sich bilden zu können. Stellte er sich ja selbst die Möglichkeit vor, einst wieder in die Schweiz zurückzukehren, um dort zu leben und seine Kräfte und Erfahrungen dem Vaterlande ganz zu widmen. Zahlreiche Stellen in gedruckten und ungedruckten Briefen sprechen dies deutlich aus. «Auch habe ich nie für spätere Jahre dem Vaterlande entsagt», schreibt er am 28. Juni 1788 an Karl Müller von Friedberg[1]), «sondern halte mich zu jedem

---

[1]) Von jedenfalls viel zahlreicheren Briefen, welche Johannes von Müller an Karl Müller von Friedberg geschrieben hat, sind bis heute blos

Winke der Vorsehung bereit. Endlich, wo immer ich wandle und handle, werde ich trachten, mich als den zu zeigen, der dem biedern, freimüthigen und patriotischen Charakter, dessen Urstoff in unserer Nation liegt, einige Ehre mache». In demselben Brief klagt Müller über den leidigen Stadtgeist, welcher sich zu nichts Edlem zu erheben weiss. «Wie lässt sich vorwärts kommen, wenn man immerfort an dem veralteten Buchstaben hängen bleibt. So ist's indessen fast überall; es muss Etwas die Eidgenossen aus dem Schlummer schütteln!» ruft er prophetisch aus.

Im Jahre zuvor hatte er, damals geheimer Secretär des Kurfürsten-Erzbischofs von Mainz, in welcher Stellung er in die Geheimnisse der Politik eingeweiht wurde, im Auftrage der preussischen Regierung und im Einverständnisse mit dem kurfürstlichen Hofe eine geheime diplomatische Sendung in die Schweiz ausgeführt, deren Zweck war, die Stimmung der eidgenössischen Orte in Bezug auf den Anschluss an den durch Friedrich den Grossen gegründeten und gegen die Vergrösserungspläne Oesterreichs gerichteten deutschen Fürstenbund zu prüfen. Der interessante Bericht, den er damals der preussischen Regierung einreichte und der ein Beweis für die Befähigung Müller's auf dem diplomatischen Gebiete ist, ist erst im Jahre 1866 durch die Veröffentlichung bekannt geworden [1]). Handelte hier Müller zunächst im Auftrage einer fremden Macht, so dürfen wir doch keineswegs vergessen, und er hat es selbst klar

---

14 aufgefunden, im Nachlass des grossen St. Galler Staatsmanns. Ich verdanke ihre Kenntniss der Güte des Herrn Professor Dr. Dierauer in St. Gallen, des kundigen Biographen Karl Müller's von Friedberg. Die Briefe des letztern an den Geschichtsschreiber, 74 Nummern zwischen 1788 und 1806, besitzt die Schaffhauser Stadtbibliothek. Sie sind mit nur ganz unwesentlichen Auslassungen abgedruckt bei Maurer-Constant: Briefe an Johann von Müller, Band V, 77—346.

[1]) Siehe: Beiträge zur vaterländischen Geschichte, herausgeg. vom historisch-antiquarischen Verein des Kantons Schaffhausen, II. Heft 1866, pp. 88—129.

ausgesprochen [1]), dass die drohende Vergrösserung Oesterreichs durch Baiern zugleich eine ernsthafte Gefahr für die schweizerische Eidgenossenschaft bildete. Indem er für den Anschluss der Schweiz an den deutschen Fürstenbund wirkte, hatte er zugleich die Interessen und den ruhigen Fortbestand seines Vaterlandes im Auge.

Aber schon viel früher scheint unser Geschichtsschreiber den auswärtigen Beziehungen der Schweiz eine grosse Aufmerksamkeit zugewendet zu haben. Unter seinen Papieren findet sich eine französisch geschriebene Betrachtung [2]), offenbar in's Jahr 1777 fallend, da sie die Abschliessung des vom französischen Gesandten Vergennes betriebenen fünfzigjährigen Bundesvertrages zwischen der Schweiz und Frankreich zum Gegenstand hat. Es ist eine eindringliche Vorstellung an die Tagsatzungsabgeordneten, die frühern Verträge mit Frankreich nicht durch einen so weit gehenden Bund zu ersetzen, da er das Misstrauen der andern Mächte wecken und die Neutralität der Eidgenossenschaft, « ce beau fleuron de nos couronnes », ernstlich gefährden würde. Der Verfasser will unbekannt bleiben; ich vermuthe aber hinter ihm eben Johannes Müller, weil die Copie des Schreibens [3]) von seiner Hand selbst geschrieben ist und Form und Inhalt lebhaft an ihn erinnern. Wenn der Verfasser hier schreibt: « Etouffez — la patrie vous en supplie — cet esprit de vertige qui ouvre de plus en plus les cœurs suisses à la haine, à la vengeance, aux soupçons, faute de se mieux connaître. Prêchez à vos illustres supérieurs la concorde, la confiance entre eux, qu'il ne faut être ni Zuricois ni Lucernois, ni Catholique ni Protestant, mais Suisse et Chrétien. Décidez vos seigneurs et maîtres à ce qu'ils jurent de nouveau solennellement et resserrent plus étroitement les anciens traités », — so

---

[1]) Darstellung des Fürstenbundes, IV. Buch, Kap. 18: Von dem Interesse der Schweizer. Sämmtl. Werke Band IX, pp. 220—223.

[2]) 7 Seiten in Folio.

[3]) Ob das Original wirklich abgeschickt wurde, ist mir unbekannt.

sind dies dieselben Gedanken, welche Müller 1786 in der Zuschrift des ersten Bandes der Schweizergeschichte an alle Eidgenossen richtete, indem er die Wiederbelebung der Bünde und Opfer für dieselben verlangte und der Denkungsart die Oberhand wünschte, dass in gemeinen Sachen jeder nicht als Bürger oder Landmann von dem oder jenem Ort, sondern als Schweizer denke[1]).

Der Bundesvertrag von 1777 wurde abgeschlossen, und der deutsche Fürstenbund zerfiel. In Frankreich erhob die Revolution ihr Haupt, nicht blos die Schweiz, sondern Europa mit donnerndem Ruf aus dem Schlummer weckend. Sie hatte auch auf die Lebensgeschicke unseres Geschichtsschreibers den weitgehendsten Einfluss: sie trieb ihn im Februar 1793 aus seiner Stellung am Mainzer Hofe in die kaiserliche Hofkanzlei zu Wien. Begreiflicher Weise beschränkte sich am grossen Kaiserhofe sein Einfluss auf die Politik; das Vertrauen der obersten Leiter der Wiener Politik wurde ihm nur in dem Grade zu Theil, wie es dieselben für gut fanden. Müller selbst wurde durch die ränkevolle, ehrlose Haltung des Ministers Thugut, dem er sich als seinem Vorgesetzten mit grosser Bewunderung und unbedingtem Vertrauen hingab, öfters hintergangen. Wenn man ihm über sein politisches Auftreten in Wien einen Vorwurf machen will, so ist es der, dass er zu wenig die Winkelzüge der Thugut'schen Diplomatie erkannte und zu hoffnungsvoll der Redlichkeit des verschlagenen Höflings vertraute.

Immerhin hat Müller den Gang der europäischen Verhältnisse nicht aus dem Auge verloren und vor allem mit steigender Besorgniss erkannt, wie die Revolution immer engere Kreise um sein Vaterland zog. In vielen Briefen an seine Freunde bedauert er, dass er seine Zeit und seine Kräfte nicht ganz dem Vaterlande widmen könne, dass er ihm so ferne stehe. Um so mehr lässt er sich durch eine vermehrte Berichterstattung von den schweizerischen Verhältnissen und Vorgängen in Kennt-

---

[1]) Sämmtl. Werke Band XIX, Einleitung p. XXXI.

niss setzen. Unter seinen Papieren findet sich eine Menge von kleinern und grössern Nachrichten aus der Schweiz. Manch' eine treffende Schilderung, manch' wichtiges und vielleicht im Original verloren gegangenes Actenstück ist wohl hier erhalten geblieben. In's Jahr 1792 oder den Anfang von 1793 fällt eine lichtvolle Abhandlung [1]: «Beantwortung der gedoppelten Frage: Sollte die Schweiz an dem allgemeinen Krieg gegen Frankreich Antheil nehmen, und würde diese Theilnahme ein wahrer Vortheil für die verbundenen Mächte sein?» Es handelte sich damals darum, ob sich die Eidgenossenschaft, die Ausschreitungen der französischen Revolution, an den Schweizersöldnern begangen, rächend, der ersten Coalition gegen Frankreich anschliessen solle oder nicht. Die Abhandlung verneint beide in ihrer Ueberschrift gestellten Fragen und sieht als erste und heiligste Aufgabe der Schweiz, deren Lösung zugleich im wahrsten Interesse aller Mächte liege, die strenge Wahrung der Neutralität an. Ich habe früher in Müller den muthmasslichen Verfasser dieser kleinen Schrift gesucht [2]; heute aber muss ich diese Vermuthung zurückziehen, nachdem ich nachträglich das Bruchstück eines Briefes von Johannes von Müller an seinen Bruder aufgefunden habe, in welchem die Frage in anderem Sinne entschieden wird. Ich theile dasselbe in extenso mit, da es gleichzeitig ein treffender Beleg für die Behauptung ist, dass die Ausgabe der Briefe in den sämmtlichen Werken theilweise sehr mangelhaft und lückenhaft ist [3]. Der Brief fällt offenbar in den September 1792, da Müller in einer frühern Stelle desselben den eben erfolgten Empfang eines Geschenkes der Stadt Schaffhausen, welches mit Begleitschreiben vom 28. August 1792 an ihn abging, erwähnt. Die für uns in Betracht kommenden Stellen sind folgende:

---

[1] 11 Seiten in Quart.
[2] In meinem am 25. September 1883 gehaltenen Vortrage.
[3] Man vergleiche hier den Brief in den Sämmtl. Werken Bd. V, von p. 393 an, so wird man finden, dass der Herausgeber gerade die auf die Schweiz sich beziehenden Stellen mit Sorgfalt wegliess.

« Ueber die französischen Händel hat Lavater wohl recht, in der Handbibliothek zu äussern, man soll so wenig davon sprechen als möglich. Alles ist so einzig in seiner Art, und jedermann der agirt oder agiren sollte, handelt so wenig seiner Rolle gemäss, dass man nicht weiss, ob die Welt ein grosses Bedlam überhaupt werden soll, oder ob die Vorsehung aus so vieler Thorheit und Schwäche ein noch nie gesehenes Meisterstück vorzubringen vorhat. Indessen da wir nicht den Plan der Welt regieren, so kann dieses uns gleichgültig sein; uns bleibt übrig zu thun, was jeder an dem Ort und in den Verhältnissen, worin er steht, thun soll und muss. Daher auch ich mehrmalen Aufträge vollstreckt, von deren Zweckmässigkeit ich nichts weniger als überzeugt war, die eben eine empfehlende Seite doch auch hatten und folglich, wie bisher auch meist geschehen, gut ausschlagen konnten. Um zu beurtheilen, was von der Lage der Schweiz zu halten seie, muss ich von der allgemeinen zuerst einiges sagen. Dass Oesterreich und Preussen etwas langsam scheinen, darf Dich nicht befremden. Wir haben mehr nicht als 2000 Mann dazu gegeben, und Gott weiss, dass es fast drei ganze Wochen gekostet, sie mobil zu machen. Ich selbst habe bei acht Tage zu thun gehabt, ein paar hundert Pferde zusammenzubringen. Bedenke, dass man sehr sicher gehen muss, weil ein misslungener Streich erschrecklich schaden könnte. Erwäge, dass man von vielen innern, freilich vereitelten Dispositionen den Erfolg abwarten wollte. Erinnere Dich der grossen Feldzüge voriger Zeiten: im thätigsten Jahr sind vier Hauptaktionen vorgefallen; wir sind erst in der fünften Woche seit dem Aufbruch aus Koblenz. Man glaubt zu leicht, vormals sei Alles schnell geschehen, weil wir schnell die Geschichte durchlesen. Hiernächst fehlt noch ohngefähr ein Drittel der Macht, welche agiren soll (auf die man jedoch nicht wartet). Alles das zusammengenommen glaube ich, menschlicher Weise zu reden, den Sieg der Mächte immer noch; um aber gewisser zu sein, fehlt mir ein Datum von Wichtigkeit, nämlich die Kenntniss des wahren (nicht durch Furcht erkünstelten) Enthusiasmus der Franzosen für (ich sage nicht eine freie, denn die will und wird ihnen niemand nehmen, aber für) diese Verfassung, einer Monarchie ohne Kopf, oder einer Republik ohne Centrum, Religion und Sitten, eines Systems durchgängiger Freiheit für 25 Millionen leidenschaftlicher Menschen. Haben sie hiefür eine Begeisterung gleich jener der alten Araber für den Koran, so sage ich nicht, dass sie sich behaupten, sondern dass sie dem ganzen Europa dieses Evangelium bringen werden. Sind hingegen unter ihnen viele nur darum jacobinisch, weil sie sich vor den Latronen fürchten, gibt es viele ruhige, vernünftige Menschen, die freien Briten ähnlich zu sein sich zufrieden gäben, dann werden die Jacobiner bezwungen; Frankreich und Europa kommen wieder zur Ordnung und Ruhe.

Die Schweiz ist auf das empfindlichste beleidiget, und es ist gleichgültig, ob die Garden zu Behauptung der Tuillerien zuerst oder nach dem ersten Schuss anderer losgefeuert haben; genug, die letzte der Nationen hätte nicht können geringschätziger behandelt werden, als wir; es ist nur nicht ein Courier mit éclaircissements in die Schweiz geschickt worden.

Die französische Verfassung wird bleiben, wie sie ist, oder nicht. Bleibt sie nicht, und die Schweizer haben still gesessen, haben sich alles anthun lassen, in welche tiefe Verachtung bei allen Völkern werden sie fallen! Es wird Schande sein, ein Schweizer zu heissen. Bleibt jene Verfassung, so haben wir, ehe drei Jahre um sind, in der Schweiz bürgerlichen Krieg zum Umsturz der Aristokratien und nicht nur, wo das Patriziat, sondern auch wo Bürgerschaften über das Land herrschen, und es wird nicht bloss der Fall der Herrschaften, sondern der Ruin auch aller Kapitalisten und eines Theils der Landeigenthümer nebst dem Verlust der altgewohnten Ruhe daraus entstehen. Der Krieg der Mächte wird glücklich sein, oder nicht. In jenem Fall wird unendlich vortheilhaft sein, theilgenommen zu haben. Bei dieser Gelegenheit erlangen wir alle verlohrne Commerzprivilegien und die besten Kapitalien wieder. Im entgegengesetzten Fall kann uns nicht viel anderes geschehen, als was uns geschehen wird, wenn wir still sitzen. Unsere Verfassung und unsere Privatreichthümer können und werden vermuthlich leiden, und werden, wie oben gesagt, leiden, wenn wir auch nicht agiren. Mir scheint also nichts übrig, als entweder auch Jacobiner zu werden, oder mit den Mächten gemeine Sache zu machen. Jenes werden wir den grösseren Orten schwerlich beibringen; es würde bei der Sache so höchst ungewissem Ausgang auch höchst bedenklich sein: die Mächte könnten leicht mit schnellem Glücke wider uns armiren und dann ..... so gestehe ich, ohne hier den Beweis führen zu wollen, dass ich für unmöglich halte, einer solchen Verfassung bei uns, geschweige in Frankreich, Konsistenz zu geben. Sie widerspricht der Erfahrung aller Zeiten und Völker und allen Beobachtungen über die menschliche Natur.

Es bliebe also übrig, theilzunehmen. Aber wäre Neutralität nicht besser? Allerdings, aber nicht der ist neutral, der es sein will, sondern dem die Mächtigeren es zu sein erlauben. Erlauben es uns die Franzosen? Ich glaube nein; denn sie erlauben es höchstens unter der Bedinguiss, dass wir mit uns machen lassen alles, was sie wollen. Können wir das und Schweizer bleiben? Ist's nicht politische Vernichtung, wenn eine Nation alle Achtung verliert? Freilich wäre nicht zu rathen, dass wir Krieg anfingen, ehe unsere Truppen, welche in dem Lande der Verwirrung noch leben, in Sicherheit sind. Es hiesse sie auf die Schlachtbank liefern. Allein sie kommen; der Feind, von Tollheit geblendet, schickt sie heraus.

Mein Votum wäre: 1) die Franzosen jetzt bloss aufzufordern, vordersamst alle unsere Regimenter sicher auf die Grenzen zu liefern; 2) unter dem Vorwand nöthiger Landwehre indessen alles zu rüsten, und mit den grossen Höfen in ein Konzert zu treten, um, 3) wenn es Zeit ist, loszubrechen und den Franzosen, seien sie frei oder nicht, den helvetischen Namen respectabel zu machen. Hiebei ist auch der Vortheil, dass, da es sich ein paar Monate verziehen wird, die Mächte den

Willen sehen, wir aber den Fortgang ihrer Waffen beurtheilen und nach diesem uns immer noch benehmen können.

'Indessen ist allerdings nothwendig, sehr populär zu herrschen, die Nation aber auf alle Weise mit dem Gefühl ihrer Würde zu erfüllen, und sie zu erinnern, dass auch sie eine Nation ist. Und sie ist's!
Est patrius vigor roburque fortunatum avorum!»

Hätte die Eidgenossenschaft nach diesem allerdings in einem blossen Privatbriefe ausgesprochenen Rathe Müller's an dem ersten Coalitionskriege theilgenommen, so wäre wohl ihr Untergang einige Jahre früher erfolgt. Denn der Verfasser der erwähnten Abhandlung, in welcher die Aufrechthaltung der strengsten Neutralität als im höchsten Interesse der Schweiz und der Mächte gelegen, eine Betheiligung auch an einem glücklichen Kriege aber für die Schweiz ohne nachhaltige Vortheile bringend, dargestellt wurde, hat hier gewiss ruhiger beobachtet und geurtheilt, als der Geschichtsschreiber. Des letztern Ansicht aber theilten damals viele vaterländisch gesinnte Männer, und wir müssen wohl mit Johannes Müller stimmen, wenn wir die Frage allein vom Standpunkte der verletzten Ehre der Eidgenossenschaft und nicht auch von demjenigen der kühlen Beurtheilung der Zeitverhältnisse entscheiden wollen.

Die Nichtbetheiligung der Schweiz am Kriege schob das Verderben um einige Jahre hinaus. Aber dem beobachtenden Politiker in Wien konnten die drohenden Vorzeichen des nahenden Sturmes nicht entgehen: die Gährung, die überall eingetreten war und sich vielerorts in Volkserhebungen Luft machte. Die Strenge, mit welcher deren Niederwerfung anfänglich geschah, die Hartnäckigkeit der Regierenden in der Behauptung der alten Zustände, deren Grundlage doch schon lange morsch geworden war, erfüllte ihn mit banger Sorge; denn er sah klar ein, dass, wenn eine Verbesserung der Lage der Regierten und eine Neubelebung der Eidgenossenschaft auf ruhigem Wege nicht eintrete, dann die Revolution mit furchtbarer Macht ausbrechen und die Schweiz ein leichtes Opfer der französischen Vergewaltigung werde. Müller's Stellung zur schweizerischen Revolution ist eine durchaus consequente gewesen, so sehr sie auch schon zu seiner Zeit von den extremen Elementen beider Parteien verkannt worden ist. Auf's Tiefste überzeugt von der Rechtmässigkeit der meisten Volkswünsche, hoffte er, die Regierungen würden freiwillig sich zu deren Befriedigung entschliessen und aus dem daraus hervorgehenden allseitigen Vertrauen neues Glück und eine bessere Zeit für die Eidgenossenschaft erwachsen. Dagegen fürchtete und verabscheute er jede gewaltsame Erhebung, jede Revolution und Anarchie in tiefstem Grunde seines Herzens. Am 20. December 1794 schreibt er seinem gleichgesinnten Freund Karl Müller von Friedberg über die Bewegungen am Zürchersee: «So weit ich von den Beschwerden weiss, so sind sie meist alt und, unter uns gesagt, natürlich. Sie werden schon in meiner Beschreibung der Errichtung der Brunischen Zunftverfassung bemerkt haben, dass die Vereinigung der politischen Gewalt mit dem Innungsgeiste auch mir jederzeit eine Quelle von Missmuth für den Landmann schien. Indess ist ebenso wahr, dass die Schweiz, das glückliche Land, verloren ist, wenn man jetzt über die Mängel der Verfassung in weitführende Diskussionen eingeht». Er bedauert, den Verhältnissen so ferne zu stehen. «Indessen, je weniger ich weiss, desto mehr fürchte ich; besonders weil die Erfahrung seit wenigen Jahren so handgreiflich gezeigt, wie leicht sich die, welche nicht nachgeben wollen, über die Union und Energie derer, die fordern, und über die Kraft des Einflusses der Demagogen Illusionen machen und sich verrechnen». Dann bittet er um die Mittheilung näherer Details. «Ich habe keinen besondern Zweck bei dieser Neugierde; sie liegt aber in mir, und wie kann es anders sein? Höchstens kann eine richtige Kenntniss der Sache mich veranlassen, gelegentlich Freunden, die mir schreiben, diejenigen Rathschläge an's Herz zu legen, welche der Erhaltung der Ordnung und Ruhe die angemessensten sind». «Ich weiss, dass wir die teuflische Anarchie, die allenthalben spuckt, beide verwünschen, dass sie aber unter mancherlei Gestalten sehr mächtig ist».

Im Jahre 1797 entschloss sich Müller, um die Verhältnisse der Schweiz aus eigener Anschauung kennen zu lernen, einen zweimonatlichen Urlaub zu einer Schweizerreise zu nehmen. Ueber den Zweck, den er auf dieser Reise verfolgte, sind die verschiedensten Gerüchte verbreitet worden. Die französisch-revolutionäre Partei sah in ihm einen österreichischen Spion; die Demokraten hielten ihn für einen Aristokraten und diese wieder für einen geheimen Revolutionär, um so mehr, als die Anhänger des gewaltsamen Umsturzes trotz ihres Misstrauens sich den Anschein gaben, als ob der hochangesehene Geschichtsschreiber ganz auf ihrer Seite stehe. Müller schreibt nach seiner Rückkehr aus der Schweiz an den Minister Thugut: «Die Zudringlichkeit demokratisch- oder französisch-gesinnter Schweizer, mich zu gewinnen oder dem Publikum glauben zu machen, dass ich mit ihnen sei, nimmt beständig zu». Nur die Vorstellungen des Ministers, dass Niemand, der ihn kenne, daran glauben werde, hielt ihn davon ab, in öffentlichen Erklärungen seine Stellung klar zu legen [1]). Aber auch frühere Freunde glaubten an diese Anklagen. Noch im Jahre 1800 [2]) erhebt Escher von Berg, der in den Briefen vor 1797 Müller als «geliebtesten Mann» mit dem vertraulichen Du anspricht und in einem Schreiben vom 20. Januar 1795 ihn den «unter allen Umständen sich immer gleich bleibenden Schweizer» nennt, in einem letzten Briefe an «Euer Hochwohlgeboren» den Vorwurf gegen Müller, dass er auf seiner Schweizerreise ihn und alle, bei welchen er aristokratische Grundsätze vermuthete, vernachlässigt und nur mit Männern, die revolutionäre Grundsätze im Herzen und an der Stirne trugen, öfteren Verkehr gepflogen

---

[1]) Der Entwurf zu einer derartigen Erklärung ist abgedruckt Sämmtl. Werke VI, 158 ff. Dabei sind die Briefe an Joh. Georg Müller vom 19. und 23. Januar 1798 zu vergleichen, pp. 157 und 161.

[2]) In einem ungedruckten Briefe vom 22. October 1800.

habe. Wie ungerechtfertigt diese Vorwürfe sind, beweist der Umstand, dass die verschiedenen Parteien ihm geradezu Entgegengesetztes vorhielten. Vollkommen zutreffend bemerkt Johann Georg Müller[1]): « Wie jedem, der in einer Zeit der Gährung der Opinionen zwischen zwei erhitzten Parteien das Mittel halten will, so ging es auch ihm: er befriedigte keine ganz; den einen war er zu viel, den andern zu wenig für das neue System; den einen schien er mit seinen Vorschlägen zu weit zu gehen, den andern zu weit zurückzubleiben. Jede Partei wollte ihn ganz für sich haben und ward misstrauisch, wenn sie ihn mit Personen von der entgegengesetzten im Umgang sah ». — Müller selbst setzt sich im allgemeinen leicht über diese ungerechte Beurtheilung weg; doch fehlt es nicht an Anzeichen, dass sie ihm momentan viel Aerger bereitete. In einem Briefe an Fäsi[2]) schreibt er unwillig: « Ich bin über die schweizerischen Stadtklatschereien sehr unwillig: zu Bern musste ich l'ami intime du colonel La Harpe sein, weil ich finde, dass er nicht gar in allem Unrecht hat; und nun habe ich Unterwerfung unter Oesterreich gepredigt, weil ich wollte, dass man, im Nothfalle, doch nicht vergesse, auch den erbvereinten Nachbar um freundschaftliche Verwendung zu ersuchen. Sie schreiben mir, Bernhard Meyer beschwere sich, dass ich ihn misskannt hätte, und so schreibt Chorherr Mohr mir heftig über ich weiss nicht was für widrige Urtheile, die ich über ihn gefällt haben soll. Ich lerne hieraus, dass es äusserst schwer ist, mit meinen Landsleuten umzugehen: alles ist in Extremen, alles wird auf's Extreme verstanden und gedeutet, und wer ein paar Monate in den Kantons gelebt hat, kann das Vergnügen haben, ein halbes Jahr sich die Finger abzuschreiben, um jedes Wort, was er gesagt und gar nicht so gesagt hat, auszulegen und den Commentar aller seiner Diskurse abzufassen. Dieses, ich gestehe es, ist mir noch in gar keinem Lande begegnet, und macht mich den Augenblick mit einiger

---

[1]) Sämmtl. W. VI, 149.
[2]) Vom 20. November 1797.

Ungeduld erwarten, da ich von einer Art Gesellschaft befreit sein werde, worin einer dem andern alles verdreht und man dann darüber «constituirt» wird».

Was Müller mit seiner Schweizerreise wollte, so lautet unser Resultat, war nichts Geringeres, als alles zu thun, was in seinen Kräften stand, das drohende Verderben vom Vaterlande abzulenken. Nicht in amtlicher Stellung, nicht im Auftrage des Kaiserhofes, sondern als Privatmann, als der von allen Parteien und beiden Confessionen hochangesehene Geschichtsschreiber der schweizerischen Eidgenossenschaft, hoffte er, über den Parteien stehend, dieselben einander nähern und versöhnen zu können, um die dringend nothwendige Neubelebung der Eidgenossenschaft durch die vom Zeitgeiste verlangten Verbesserungen auf friedlichem Wege herbeizuführen. Seine Hoffnung drückt in bezeichnenden Worten Johann von Wessenberg aus [1]), wenn er schreibt: «Il paraît que la Suisse se reposera encore jusqu'au printemps — la saison de l'amour sera alors celle de la réformation; car je crois que les Suisses n'ont pas besoin d'une révolution». Eine Reformation zur Abwendung der Revolution: das wollte Müller in der Schweiz bewirken.

Am 1. Juli 1797 schreibt er an seinen Bruder [2]), er habe einen zweimonatlichen Urlaub verlangt, um in die Schweiz zu reisen; eine Antwort sei noch nicht erfolgt. Es ist auffallend, dass das in die Sämmtlichen Werke [3]) übergegangene Urlaubsgesuch erst vom 10. Juli datirt ist und unter Müller's hinterlassenen Schriften noch die Copien verschiedener anderer Gesuche liegen, welche nur auf diesen bestimmten Urlaub sich beziehen können. [4]) Wir müssen wohl annehmen, dass er seinen Wunsch wiederholt

---

[1]) In einem Briefe vom 31. December 1797, als Müller schon die Schweiz verlassen hatte. Eben auf dieser Reise machte er die Bekanntschaft der drei edlen Brüder Johann, Ignaz Heinrich (später Constanzer Generalvicar) und Ludwig von Wessenberg.
[2]) Sämmtl. Werke VI, 139.
[3]) Sämmtl. Werke XVII, 57 ff.
[4]) Siehe die Beilagen.

stellen musste, ehe er Erhörung fand. Im ersten Schreiben vom 30. Juni, wohl demjenigen, das er in seinem Briefe vom 1. Juli erwähnt, begründet er sein Gesuch mit der drohenden Invasion von Aussen und der grossen Bewegung im Innern, die zur Regelung seiner Privatangelegenheiten seine persönliche Anwesenheit in der Schweiz erfordern. Gleichzeitig bietet er seine Dienste zur Realisirung einer Idee an, welche er, wie aus seinen Papieren hervorgeht, auch später in Berlin wieder aufnahm: nämlich zur Gründung einer Schweizercolonie in einem der schwach bevölkerten Länder der österreichisch-ungarischen Krone, um der damals durch das Aufhören vieler Soldverträge eingetretenen Uebervölkerung der Schweiz vorzubeugen. In einem zweiten Schreiben vom 6. Juli trägt sich Müller geradezu als Agent an die zu Frauenfeld versammelte Tagsatzung an, um einen Plan auszuführen, der zugleich die schweizerischen Bünde aus einer äussersten Gefahr retten und auf einer festen Grundlage eine intimere Verbindung zwischen ihnen und dem Kaiserhofe begründen würde. Er würde den Einflüsterungen und Umtrieben der französischen Geschäftsträger in der Schweiz, welche die Meinung von einem geheimen Einverständniss zwischen Oesterreich und Frankreich zur Auflösung der Schweiz zu verbreiten suchen, um dadurch die Eidgenossenschaft ganz in die Arme Frankreichs zu treiben, energisch entgegentreten. Man solle dagegen der Tagsatzung, die dafür ihrerseits zu Zugeständnissen angehalten würde, zur Aufrechterhaltung der Ruhe und des status quo kaiserliche Hülfe anbieten. Wenn aber gegen alles Erwarten die Schweiz sich so sehr von der französischen Krankheit angesteckt zeige, dass sie sich lieber in das vollständige Verderben stürze, als einen Arzt zu bezahlen, dann möge man einzelne der Orte, wie z. B. Bern, Zürich, Luzern, Freiburg und Solothurn zu einem Allianzvertrag mit Oesterreich zu bringen suchen, der etwa dem im Jahre 1777 mit Ludwig XVI. abgeschlossenen entspreche. Aber die Angelegenheit habe Eile; es lohne sich schon der Mühe, sich um eine Nation zu kümmern, welche wenigstens 38,000 vortreffliche Soldaten in fremde

Kriegsdienste geschickt habe. — In einem dritten Schreiben endlich erbietet sich Müller zu regelmässigen Berichten über die Vorgänge und Stimmungen in der Schweiz und Frankreich, da von der erstern aus das letztere Land vorzüglich beobachtet werden könne und ein kaiserlicher Geschäftsträger gegenwärtig in der Schweiz fehle [1]).

Ich muss gestehen, dass mir die beiden letztern Schreiben anfänglich grossen Zweifel in die Reinheit der vaterländischen Gesinnung Johannes von Müller's aufkommen liessen, dass es mir schien, als ob er die Interessen Oesterreichs vor diejenigen der Eidgenossenschaft stellte. Diese Gedanken wurden aber aufgehoben durch das vierte Gesuch vom 10. Juli 1797. Hier spricht Müller wieder von den umlaufenden Gerüchten über ein geheimes Abkommen zwischen Oesterreich und Frankreich zum Verderben der Schweiz. Er weist darauf hin, dass die Zerstörung des Friedens und Glückes der Eidgenossenschaft zugleich für Oesterreich grosse Nachtheile bringen werde. Er selbst, auf das Engste mit dem Vaterlande verbunden, dürfe auch nicht einmal den Schein eines Vaterlandsverrathes auf sich laden, und wie würde das unterbleiben, wenn er unter gegenwärtigen Umständen auf seinem Posten ausharren würde? Seine finanzielle Lage sei keine günstige, «mais, parcequ'il ne me reste que moi-même, je dois être plus exact, à remplir ce que je dois à moi-même: et c'est, dans ce moment, le sacrifice de ma place et même de mon existence à ma réputation d'homme de bien». Zum Schlusse bittet er um einen Pass zur Rückkehr in die Schweiz, sein unglückliches Vaterland [2]).

Diese Schreiben lassen die Absichten Müller's noch in einem andern Lichte erscheinen. Während er auf der einen Seite hoffte, die Herzen seiner Landsleute für eine ruhige und naturgemässe Reform zu gewinnen, so dachte er gleichzeitig daran,

---

[1]) Der kaiserliche Geschäftsträger Baron von Degelmann war wegen Krankheit auf unbestimmte Zeit beurlaubt. Dies lässt das undatirte Schreiben dem Jahre 1797 bestimmt zuweisen.

[2]) Sämmtl. Werke XVII, 57 ff.

für den Fall der Gefahr seinem Vaterlande einen mächtigen Bundesgenossen in Oesterreich zuzuführen. Es leuchtet vollkommen ein, dass nur Oesterreich als Gegengewicht gegen die französischen Gelüste auf die Schweiz in Betracht kommen konnte, und Müller in seiner eigenthümlichen Doppelstellung als schweizerischer Vaterlandsfreund und kaiserlicher Kanzleirath musste zuerst auf den Gedanken kommen, mit Oesterreichs Hülfe die alte Eidgenossenschaft zu retten. Sobald aber diese Doppelstellung einen Conflict zwischen seinen Pflichten herbeizuführen drohte, zögerte er nicht, seine auswärtige Stellung dem Vaterlande zu opfern. Wir dürfen wohl annehmen, dass der Minister Thugut die Bedenken Müller's über die geheimen Absichten der österreichischen Politik zu beschwichtigen wusste: der Urlaub von zwei Monaten wurde gewährt; von Entlassung ist weiter keine Rede. Im Passe, der Müller ausgestellt wurde, ist nur erwähnt, dass er in Privatgeschäften die Schweiz bereise. Von einer officiellen Sendung an die Tagsatzung oder von andern directen Aufträgen des Hofes darf also nicht gesprochen werden; dagegen liegen die Beweise vor, dass Müller im Sinne des dritten Urlaubsgesuches die Stimmung in der Schweiz und die Absichten der französischen Machthaber für den Minister Thugut zu erforschen unternommen hat. Eine Zweideutigkeit kann ich hierin nicht finden. Indem er in Oesterreich den natürlichen Bundesgenossen der Eidgenossenschaft erkannte, musste es ihm daran liegen, das österreichische Ministerium des Aeussern über die Entwicklung der schweizerischen Verhältnisse genau unterrichtet zu wissen.

Am 22. Juli kam Müller nach Schaffhausen, um von dort aus mehrmals kreuz und quer die Schweiz zu durchreisen. Nirgends sich eine längere Rast gönnend, war er beständig auf der Wanderschaft durch alle Gebiete der Eidgenossenschaft[1].

---

[1] Das Itinerar dieser Reise ist angegeben Sämmtl. Werke VI, 142, wo aber die Zeit der Rückkehr irrthümlich auf den 22. September statt December festgesetzt ist.

Hier trat er in persönlichen und brieflichen Verkehr mit den hervorragendsten Männern der verschiedenen Parteien. Aus Bünden, dessen Zukunft vor allem den Wienerhof interessiren musste, empfing er nicht blos von dem österreichischen Geschäftsträger in Chur, Baron von Cronthal, häufig Berichte über die dortigen Vorgänge, sondern er war auch im Vertrauen der Familie Salis, der aristokratisch-absolutistischen Führerin der Conservativen, die in engem Anschlusse an Oesterreich das Heil Bündens sah, und er stand auch im Verkehr mit dem kühnen Sprecher und mit den Häuptern der Partei, welche mit der cisalpinischen Republik und Frankreich liebäugelten. In Zürich setzte er die Bekanntschaft mit seinem ältesten Freunde in der Schweiz, Hans Heinrich Füssli, fort[1]); zugleich verkehrte er mit den Bürgermeistern von Wyss und Kilchsperger, mit Director Ott, Salomon Hirzel, David Vogel und andern; in Bern hatte er die eingehendsten Berathungen mit dem edlen Schultheiss Steiger, dessen Geist und Patriotismus er schon 1787 in seinem Berichte an das preussische Ministerium mit Begeisterung gerühmt hatte[2]) und den er jetzt neuerdings bewundern lernte. Dieser führte ihn mit Mallet du Pau, dem schneidigen Schriftsteller gegen Revolution und Frankenthum, der damals gerade aus Bern weichen musste, zusammen. Auch Karl Ludwig Haller, Ludwig Hentzi, Mülinen, Fellenberg, Graf Erlach von Spiez kamen mit ihm zusammen und seine Beziehungen zu seinem intimsten Freunde Bonstetten und seinen Bekannten in der französischen Schweiz wurden aufgefrischt und durch neue Bekanntschaften erweitert. In Luzern, im Hause des Seckelmeisters Balthasar, lernte er den bescheidenen Pfarrer Stalder von

---

[1]) Dieser wenigstens verkannte Müller nie. Er schreibt ihm am 19. Juni 1798: «Nein, mein unvergesslicher Freund! weder unredlich noch unpatriotisch, auch nicht einmal räthselhaft hast Du mir seit unserm letzten persönlichen Beisammensein nie geschienen, so wenig als in einer frühern Zeit». Füssli selbst wurde übrigens aus denselben Gründen wie Müller von den verschiedensten Parteien angefeindet.

[2]) Schaffhauser Beiträge 2. Heft. 1866, p. 98.

Escholzmatt, den ersten Sammler für ein schweizerisches Idiotikon, kennen; in den innern Kantonen und den italienischen Vogteien erforschte er eifrig die Stimmung der Volksclassen; in Basel hatte er Umgang mit den Häuptern der aristokratischen Partei, dem Oberzunftmeister Merian und Christian von Mechel, so gut wie mit dem österreichischen Gesandtschaftssecretär von Greiffenegg und den französischen Geschäftsträgern Bacher und Mengaud[1]); in Glarus war der Pannerherr Peter Zwicky, im St. Gallischen Karl Müller von Friedberg sein Vertrauter. Den regsten Verkehr aber unterhielt er mit Professor Johann Kaspar

---

[1]) H. v. Sybel (Geschichte der Revolutionszeit V. 58 f.) hat nach den Berichten Bacher's an das Direktorium die schwerwiegendsten Anklagen gegen Müller, den «berühmtesten, talentvollsten und charakterlosesten der deutschen Geschichtsschreiber jener Zeit», erhoben. Dieselben scheinen in der That jeder Vertheidigung zu spotten. Wenn wir aber die Gründe berücksichtigen, aus welchen Müller mit den französischen Geschäftsträgern in Verbindung trat und wie er über diesen Verkehr ganz offen an Thugut Bericht erstattet, wenn wir erwägen, dass es auf der andern Seite den Franzosen sehr darum zu thun war, Müller als einen ihrer Parteigänger darzustellen, dass sie von diesem Gesichtspunkte aus den Verkehr mit ihm schilderten und entstellten, so dürfen wir wohl an unserm Standpunkte festhalten. Sogar die von Sybel angeführten auffallenden Aeusserungen Müller's lassen sich mit der Stellung, die wir ihm zur schweizerischen Umgestaltung anweisen, in Einklang bringen. Wenn er gesagt haben soll: «Ich habe das Volk überall reif gefunden; überall ist man der Meinung, man müsse die Revolution selbst machen, um nicht von ihr überholt zu werden», so will er ja auch hier ausdrücklich eine Revolution (Umgestaltung) der Schweiz aus sich selbst. Und wenn er am 20. December an Bacher schreibt, dass die Wünsche der französischen Republik (in Bezug auf eine Popularisirung der Verfassung) überall mit Leichtigkeit durchzuführen seien unter dem allmächtigen Einfluss des Direktoriums, so ist unter diesem Einfluss durchaus kein gewaltsames Eingreifen zu verstehen; denn Müller betont gleichzeitig, dass es ohne eine besondere Erschütterung geschehen könne. Der «Verfassungsplan», welchen er dann dem neu ernannten französischen Geschäftsträger Mengaud vorlegte, wird kaum etwas anderes gewesen sein, als die Anregungen zur Umgestaltung der Schweiz, die er bei seiner Rückreise in seinem «politischen Testamente» zurückliess. (Siehe hierüber weiter unten.)

Fäsi in Zürich, den er erst bei Gelegenheit dieser Reise kennen lernte und zu dem er sich durch die Uebereinstimmung ihres Sinnens und Denkens hingezogen fühlte. Wenn Müller am 11. October an Karl Müller von Friedberg schreibt: « Die Situation der Schweiz in ihren Beziehungen nach aussen hin ist kritisch; desswegen muss man das Möglichste thun, um sie im Innern zu beruhigen, sich mit dem Zeitgeiste soviel als möglich in Uebereinstimmung zu bringen, ohne die Grundlage der guten Ordnung und der öffentlichen Ruhe zu verletzen », so ist dies der Gesichtspunkt, von welchem aus auch Fäsi die Zeitlage auffasste. Er ist so wenig ein Revolutionär, wie Müller, so sehr auch gerade die Correspondenz zwischen diesen beiden Männern den Ausgangspunkt der besprochenen Verdächtigungen bildete. « Ich möchte wohl wie Sie und alle $\varkappa\alpha\lambda oi$ $\varkappa'\dot{\alpha}\gamma\alpha\vartheta oi$ die Reform vieler Dinge, aber erstlich nur durch die Kraft der Wahrheit und die Gewalt der öffentlichen Meinung, nicht durch Stürme, zweitens ohne fremde Einwirkung, nur durch Schweizer »: so schreibt Müller am 11. October von Altdorf aus an Fäsi, und noch am 20. April 1804 erinnert der letztere den ersteren: « Wie oft dacht' ich an die Worte, die wir mit einander an dem schönen Herbstmorgen, als wir von Stäfa nach Zürich fuhren, sprachen: Wie unglücklich würde dies Land durch eine Revolution, und Revolutionen und Revolutiönchen werden wenigstens in unserm Kanton nicht enden, bis wir alle sammt und sonders Bettler sind, oder von einem Grössern verschlungen werden ». In mancher Hinsicht scheint Fäsi einen wohlthätigen Einfluss auf Müller ausgeübt zu haben. Müller scheint eine Zeit lang den eigenthümlichen Gedanken, der damals vor allem in patrizischen Kreisen aufkam, gebilligt zu haben, zur Rettung der Schweiz und Befestigung des Nationalglücks gäbe es kein besseres Mittel, als die Ertheilung des städtischen Bürgerrechtes an alle im Burg- und Landrecht stehenden Leute, wobei aber die wirkliche Regierungsfähigkeit nur denjenigen zu ertheilen wäre, welche sich in der Hauptstadt niederlassen und ein unabhängiges Vermögen von etwa 100,000 Pfund besitzen. Auf

Müller's Anfrage, was Fäsi davon halte, weist dieser sofort das Unhaltbare dieser sonderbaren Idee nach [1]). Auf das Drängen Fäsi's in erster Linie, und auch durch andere Freunde angespornt, entschloss sich Müller, in einer Schrift die Mittel zur Verhütung des gänzlichen Umsturzes der Eidgenossenschaft anzugeben, obwohl er anfangs besorgt war, «die gegenwärtige Schwäche vor aller Welt anzuerkennen, in dieser Zeit allgemeiner Gährung dem Volk dies oder jenes in den Kopf zu setzen, wodurch, wenn es nicht geschieht, es nur noch missvergnügter würde» [2]). Auf die Gegenvorstellungen Fäsi's [3]): «Ich kenne die Herzen: sie können nicht des Gegentheils überzeugt, sondern sie müssen durch die öffentliche Meinung gezwungen werden — und sollen nicht Fremde einwirken, soll nicht durch fremden Einfluss unsere Lage verbessert werden, so ist Publizität, das Auftreten eines Mannes von Ihrer Würde und von Ihrem Gewicht das einzige Rettungsmittel» — nimmt Müller das Projekt wieder auf; nur will er es verschieben, bis er ein wenig heller sehen kann. «Es ist wider meine Grundsätze, in einem morschen Bau während einem Sturmwinde mit Fackeln herumzuspazieren» [4]). Die Schrift scheint nicht zu Stande gekommen zu sein. Unter Müller's Papieren befindet sich nur eine Einleitung zu einem «Gutachten über die Erhaltung der Schweiz», geschrieben im December 1797, in zu bilderreicher Sprache [5]); eine weitere Ausführung scheint unterblieben zu sein. Die Schrift sollte wohl das Programm entwickeln, über welches sich die beiden Männer schliesslich geeinigt

---

[1]) Müller an Fäsi vom 6. November, Antwort Fäsi's vom 19. November.
[2]) Müller an Fäsi 20. November.
[3]) Vom 24. November.
[4]) Müller an Fäsi 2. December.
[5]) Abgedruckt Sämmtl. Werke VI, 143 f. Noch am 10. December schreibt Müller an Fäsi: «Ich bin nun sehr gestimmt, jenes Buch zu schreiben und zwar mit aller Freimüthigkeit, und ohne mich zu bekümmern, wie man es mir aufnehmen möchte. Im Februar, dächte ich, könnte es erscheinen».

hatten. Wer an demselben den grössern Antheil hat, ob Müller oder Fäsi, lässt sich schwer sagen. Die Grundideen Müller's finden sich darin, wie er sie an vielen Stellen ausspricht, am ausführlichsten vielleicht in der folgenden [1]): « Geschieht nicht dies oder das, wird nicht wirkliche Freiheit und Gleichheit mit Beibehaltung ordentlicher Verfassungsformen in der Schweiz sorgfältig verbunden, wird nicht eine neue engere Vereinigung zwischen Bürgern und Landleuten, Hohen und Niedern, und den Orten selbst mit solchem Eclat gegründet, der den Fremden imponire, so sind wir verloren, und zwar schneller, als wir vorsehen ». Fäsi ist mit diesem Programm zuerst vor die Oeffentlichkeit getreten in einem Zunftvortrag am Meister-Sonntag den 10. December 1797, in welchem er forderte:

« I. dass von unserer (der Zürcher) Gesandtschaft auf der zu haltenden ausserordentlichen Tagsatzung auf Erneuerung der ewigen Bünde gedrungen und sie so abgefasst werden, dass 1) kein Kanton mehr einseitig unterhandeln dürfe; 2) dass die zugewandten Orte genauer mit den Kantonen vereinigt werden, und 3) dass die gemeinen Herrschaften eine Verfassung bekommen, dass sie sich des Schweizernamens mit Recht rühmen können;

II. dass die Regierung, so wie es Anno 1529, 46, 49, 84 etc. geschehen, der Stadt und Landschaft über die dermalige Lage Nachricht gebe, und in Zukunft bei jedem Bundesschluss etc. dieselben befrage » [2]).

Schärfer noch drückt Müller dieses Programm einige Tage später aus [3]):

« Mein politisches Testament, das Resultat aller meiner Wahrnehmungen über die Schweiz und in derselben ist, dass sie sich nicht anders erhalten kann, als durch das Mittel, wo-

---

[1]) Müller an Fäsi 6. November.
[2]) Fäsi an Müller 11. December.
[3]) Müller an Fäsi 15. December.

durch sie entstanden ist; nicht aber durch den Buchstaben, sondern den Geist der ewigen Bünde. Sie müssen schleunig und feierlichst erneuert werden[1]). Aber damit sie der Nation mehr Kraft in ihren auswärtigen Verhältnissen und mehr Stärke im Innern geben mögen, müssen die Orte sie allen, auch den zugewandten, gleich machen und durchaus dem elenden Recht entsagen, anders als insgemein zu traktiren (dieses rieth ich schon in meiner Geschichte, vor der französischen Revolution), und man muss auf Mittel denken, Forderungen des Landmanns, die er dem Geiste der Zeit, ja der Natur gemäss, machen kann oder wird, erstlich dadurch vorzukommen, dass ihm der freien Männern gebührende Einfluss auf die allgemeinen Geschäfte des Vaterlandes gegeben werde (wozu mehr als Ein Mittel ist), und dass man zweitens über Streitfragen zwischen Regenten und Angehörigen ein, nicht blos aus selbst interessirten Regenten bestehendes, sondern wahrhaft unparteiisches Recht festsetze. Wenn man solche Dinge nicht unverzüglich vornimmt, so gibt es Unglück. Die Axt ist dem Baume an die Wurzel gelegt!»[2]) So schreibt er auch an seinen Bruder[3]): «Es handelt sich um die Erhaltung des Vaterlandes; nicht um dies und das, aber um Alles; to be or not to be, that is the question! Was ich bei den Franzosen (deren Zutrauen durch meine Freimüthigkeit ich einigermassen erworben habe), was ich zu Wien, was ich in der Schweiz auszurichten vermag, will ich mit möglichster An-

---

[1]) In einem gleichzeitigen Briefe Müller's an einen seiner besten Freunde in Bern: «qu'on ne s'y borne pas au rabâchage de la phraséologie helvétique. Mon avis est absolument qu'on y arrête le renouvellement de la confédération générale, en ajoutant les articles dont je Vous ai parlé hier. Il faut donner à cet acte une grande solennité: les principaux de chaque canton y amèneront des députés de toutes les communautés de leur pays; le serment se fera de la part de tous; les bailliages communs en seraient aussi».

[2]) Aehnlich in einem Briefe von demselben Tage (15. December 1797) an Karl Müller von Friedberg.

[3]) Sämmtl. Werke VI, 145 f.

strengung und Aufopferung aller Privatrücksichten und Interessen thun » [1]).

Die Ziele, die sich Müller vorgesteckt hatte, machten es also geradezu nothwendig, dass er mit Männern der verschiedensten Parteien in der Schweiz verkehrte, dabei auch mit den französischen Geschäftsträgern in Verbindung trat und auf der andern Seite mit dem Wiener Hofe in beständigem Verkehr blieb. Von diesem Standpunkte aus müssen wir die zahlreichen Berichte auffassen, welche er aus der Schweiz an den Minister Thugut abschickte. Nur einer derselben ist in den sämmtlichen Werken abgedruckt [2]); auffallender Weise fehlt gerade dieser im handschriftlichen Nachlasse, wogegen sich hier nicht weniger als 19 andere, grössere und kleinere, vorfinden, theilweise blos im Entwurfe, in der schwer zu entziffernden Abkürzungsschrift Müller's, theils in Copie oder in Entwurf und Copie [3]). Gewiss ist eine Anzahl anderer verloren gegangen. Es würde hier zu weit führen, näher auf jeden einzelnen dieser 19 Berichte einzutreten. Sie geben von den Bewegungen und Parteiverhältnissen, von der Hoffnung und Furcht der Eidgenossen, von den

---

[1]) Von Ulm aus, auf der Rückreise nach Wien begriffen, schreibt er am 24. December an Fäsi: « Man muss die Nation aufwecken, und wenn sie begeistert ist, so wird man über die Eidesformel (und den Heiligen) kein Wort verlieren; schwöre endlich jeder wie er will, nur von Herzen! Die Umschmelzung der ewigen Bünde ist gar nicht schwer. Sie wäre das Resultat von Betrachtungen, welche alle vernünftigen Eidgenossen oft und vorlängst bei sich angestellt haben. Ich meines Ortes wollte so ein ad referendum vorzulegendes Projekt innert drei Tagen redigiren. Wenn wir kalt und schwerfällig an die Sache gehen, so wird aus allem nichts; die Zeit erfordert durchzugreifen, aufzuwecken, anzuflammen. Und es wird nicht schwer sein; man zeige nur, dass es sein muss, dass es dringend ist. Oder schreit Euch die französische Nation dieses nicht laut genug in das Ohr?»

[2]) Sämmtl. Werke XVII, 60 ff. Auch Mörikofer (Schweizerische Literatur des XVIII. Jahrhunderts p. 481), der zu seiner vortrefflichen Biographie das ungedruckte Material fleissig benutzte, erwähnt blos e i n e s ungedruckten Berichtes aus dieser Zeit an Thugut.

[3]) Eine Auswahl dieser Berichte in den Beilagen.

Beziehungen zu Frankreich und den innern Wirren in diesem Lande selbst, die Müller von der Schweiz aus mit grosser Aufmerksamkeit verfolgte, von den Aussichten einer Annäherung zwischen Oesterreich und der Schweiz, von den hervorragendsten Männern in den eidgenössischen Orten ein so klares und gewiss getreues Bild, dass sie für die Schilderung der verwirrten Zustände in jener Zeit wohl verwerthet werden dürfen. Müller gibt sich wiederholt Mühe, den Wiener Hof zu bestimmen, die schneidige Feder von Mallet du Pan, der damals der furchtsamen Partei in Bern weichen musste, gegen Frankreich und die Revolution in Dienst zu nehmen[1]; er macht auf die gefährlichen demokratischen Bewegungen im Gebiete des Abtes von St. Gallen, am Zürchersee, bei den Unterthanen des Bischofs von Basel und der rhätischen Bünde, in der Waadt, auf die Parteiverhältnisse der andern Orte aufmerksam, wobei er vor allem die patriotische Gesinnung der innern demokratischen Kantone, die dem ungemein günstigen Einfluss der katholischen Geistlichkeit zuzuschreiben sei, und die edle Haltung des Hauptes der Berner Regierung, des greisen Schultheiss Steiger, rühmend hervorhebt[2]; er bemüht sich, dem Wiener Hofe begreiflich zu machen, wie die förmliche Garantie der Neutralität und Integrität der Eidgenossenschaft und aller ihrer Gebiete bei den begonnenen Friedensunterhandlungen im eigensten Interesse Oesterreichs und Deutschlands sei[3]; er weist auf die Intriguen der französischen Politiker hin, die in jeder Weise den kaiserlichen Hof in Misscredit zu bringen suchten, um die Schweiz um so eher in die Arme Frankreichs zu treiben; er nimmt neuerdings den Gedanken auf, die überflüssigen Arbeitskräfte

---

[1] Berichte vom 1. August, 2. September, 23. September, 28. October. Hiefür ist zu vergleichen der gleichzeitige Briefwechsel Müller's mit Mallet du Pan und Schultheiss Steiger.
[2] Berichte vom 26. Juli, 5., 14., 20. August, 2., 23. September, 12. und 28. October, 11. November etc.
[3] Sämmtl. Werke XVII, 60 ff.

der Schweiz in schwachbevölkerten österreichischen Gebieten ansiedeln zu wollen[1]); er räth dem Wiener Hofe dringend an, dem preussischen Oberst Pellet zuvorzukommen und selbst einige Schweizerregimenter in Dienst zu nehmen, da dadurch der Einfluss Oesterreichs auf die Schweiz und die gegenseitigen freundschaftlichen Beziehungen vermehrt würden[2]); er erhebt gegen das österreichische Offizierscorps die schwersten Anklagen und scheut sich nicht, dagegen den vorzüglichen Geist, den er bei den französisch-republikanischen Offizieren gefunden, zu rühmen[3]); er glaubt, eine Verbesserung des Offiziersstandes wäre am besten durch grosse Strenge und durch Aufnahme von Schweizern, die früher in Frankreich und Holland mit Ruhm gedient hätten und deren jetzt Hunderte zur Verfügung stehen, herbeizuführen. Er hält es mit Recht für sehr verhängnissvoll, dass der Wiener Hof in so schwierigen Verhältnissen in der Schweiz keine andere Vertretung besitze, als den 25jährigen Legationssecretär von Greiffenegg in Basel, der mit durchaus unzureichenden Mitteln trotz seines besten Willens nur eine lächerliche Rolle spielen könne. Es scheine dies beinahe und werde von den Franzosen und den andern Gegnern Oesterreichs dargestellt als eine absichtliche Geringschätzung und Beleidigung der Eidgenossenschaft. Müller selbst bietet sich als Stellvertreter für den Gesandtschaftsposten an, bis der Baron Degelmann denselben wieder übernehmen oder anderweitig vorge-

---

[1]) Bericht vom 2. September.
[2]) Vom 5., 14., 20. August etc.
[3]) Berichte vom 4. und 12. October. Unter andern macht er Thugut auf folgende Thatsache aufmerksam: Zahlreiche österreichische Offiziere kamen damals über die Grenze nach Schaffhausen, um dort ihre guten Dienstpferde zu verkaufen und mit schlechten Postpferden zurückzukehren, so dass schliesslich die Regierung von Schaffhausen, um den Schein der Unterstützung dieses schmählichen Handels zu vermeiden, mit strengen Strafen den Ankauf aller aus Schwaben kommenden Pferde, deren Verkauf nicht durch eine Behörde erlaubt worden war, verbieten musste.

sorgt sei [1]). Daneben scheut sich Müller nicht, dem allgemeinen Erstaunen darüber lebhaften Ausdruck zu geben, dass der Kaiser in Zeitumständen und unter Verhältnissen, welche die Fortsetzung des Krieges wohl gestattet hätten, in einen so ungünstigen Frieden wie den zu Campo Formio eingewilligt habe. Da damals über die geheimen Friedensbestimmungen viele falsche Gerüchte herumgeboten wurden, und da vor allem der österreichische Hof heftig beschuldigt wurde, eine Theilung der Eidgenossenschaft proponirt zu haben, so fordert Müller den Minister Thugut dringend auf, diesen Gerüchten entgegenzutreten, um das Ansehen Oesterreichs nicht vollständig zu erschüttern. Er erwirkte auch schliesslich eine officielle Erklärung Thugut's im Namen des Kaisers, dass diese Beschuldigungen gegenstandslos seien, dass der Kaiser nicht im geringsten an eine Gefährdung der Unabhängigkeit und Integrität der schweizerischen Stände gedacht habe [2]), und dass auf den Friedensunterhandlungen zu Udine von solchen Projekten gar keine Rede gewesen sei.

Auffallend ist es, wie kühl sich Thugut dieser weitgehenden Thätigkeit seines Untergebenen gegenüber verhielt. Zwar drückt er wiederholt seine Befriedigung über die ausführliche Berichterstattung Müller's aus. Dass er sie auszunutzen wusste, geht wohl auch daraus hervor, dass er mehrmals eine Verlängerung des Urlaubs bewirkte, so dass dieser sich von 2 Monaten auf 5 Monate verlängerte; aber er verletzte dabei Müller beständig durch seine misstrauische Zurückhaltung. In seinem

---

[1]) Bericht vom 4. October und anderswo. Dass damals viele Schweizer hofften, Müller werde zum kaiserlichen Gesandten in der Schweiz ernannt, geht aus zahlreichen Briefen hervor. Im Uebrigen nimmt Müller den jungen Greiffenegg gegen ungerechtfertigte Angriffe kräftig in Schutz. Auf den Leser seiner vielen Briefe an Müller macht der Gesandtschaftssecretär durchaus keinen günstigen Eindruck; fast beständig spricht er davon, sich durch Selbstmord seiner Verlegenheiten zu entledigen.

[2]) Diese Erklärung traf erst ein, als Müller die Schweiz schon verlassen hatte. Sie ist datirt vom 16. December 1797 und wurde am 6. Januar 1798 von Müller an den Schultheiss Steiger geschickt. Siehe die Beilagen.

letzten Schreiben beklagt sich Müller darüber mit aller Freimüthigkeit und hebt dagegen die rühmliche Offenheit, mit welcher ihm die französischen Diplomaten entgegengekommen seien, hervor. Die allerbittersten Stellen, die in dem Entwurfe zu diesem Briefe sich finden, hat der Verfasser allerdings in dem Original weggelassen; immerhin ist dasselbe auch so noch der beredte Ausdruck einer gerechten Entrüstung [1]).

Noch mag hier ein anderer Punkt erwähnt werden. Auch seiner Vaterstadt wollte Müller damals gute Dienste leisten. Aus einem Briefe des Bürgermeisters Peyer an Müller [2]) geht hervor, dass er damals die Anregung machte, die Hoheit über das Dorf Büsingen durch Kauf an Schaffhausen zu bringen, und zugleich «die Auslösung des Lehensnexus und die Beseitigung mehrerer noch unerörterter nachbarlicher Differenzen» zu erlangen. Peyer meldet, es seien die Anregungen von den Herren Geheimen mit den Aeusserungen des lebhaftesten Dankes für seine so rühmlich erprobte Vaterlandsliebe belobt worden, und bittet ihn, er möge in Wien zu erfahren suchen, ob ein dahingehendes ehrerbietiges Gesuch des Standes Schaffhausen wohl aufgenommen würde. Die Realisirung dieses Gedankens wurde durch den Eintritt der Revolution verhindert.

Die beleidigende Verschlossenheit Thugut's und die verläumderischen Angriffe, denen Müller von Seite der extremsten Parteimänner ausgesetzt war, mussten ihm wohl schliesslich den Aufenthalt in der Schweiz verleiden [3]). Am 22. December nahm

---

[1]) Gleichzeitig, am 10. December, schreibt Müller an Fäsi: «Müde, nichts Bestimmtes noch Beruhigendes über unsere Lage von Wien erfahren zu können, habe ich mich an die französischen Geschäftsmänner gewandt und bei ihnen die Offenheit gefunden, welche anderswo zu fordern ich berechtigt wäre».

[2]) Vom 13. December 1797.

[3]) Aus dem Umstand, dass Thugut an Müller noch am 16. December von Wien aus jene Erklärung zur Beruhigung der Schweizer abschickte, dürfen wir annehmen, dass man in Wien an einen längern Aufenthalt Müller's in der Schweiz dachte.

er in Schaffhausen von seinem Bruder Abschied; am letzten Tage des Jahres 1797 langte er wieder in Wien an, von Thugut « mit freundlicher Umarmung und einer langen Unterredung recht wohl » empfangen [1]). « Ich bin bisher so gnädig behandelt worden, dass ich die Hoffnung zurückzukommen gar nicht aufgebe. Man sieht wenigstens, dass ich wohl gesehen und richtig divinirt habe » [2]): schreibt er in der zweiten Woche nach seiner Ankunft in Wien. Mit banger Sorge erfüllte ihn die Zukunft seines Vaterlandes; zwischen Furcht und Hoffnung schwebend, erfuhr er aus zahlreichen Berichten die weitere verhängnissvolle Entwicklung der schweizerischen Verhältnisse. Wie ganz anders fiel die Erneuerung der alten Bünde durch die Tagsatzung in Aarau aus, als Müller, wohl der Urheber des Gedankens, sich gedacht hatte. Wovor er gewarnt, die Phrase, spielte dabei die Hauptrolle [3]). Ungemein zahlreich sind die Berichte, die Müller aus allen Theilen der Schweiz über die Vorgänge der ersten Monate des Jahres 1798, über die überstürzten Reformen in den meisten Kantonen erhielt. Der rasche Untergang der alten Eidgenossenschaft erschütterte ihn zwar auf's Tiefste; aber er machte ihn nicht hoffnungslos [4]).

Es würde hier zu weit führen, die Stellung Müller's in den folgenden Jahren und seine ungemein ausgedehnte Thätigkeit für sein Vaterland schildern zu wollen; doch geben seine nachgelassenen Schriften auch dafür überraschenden Aufschluss. Es ist bekannt, wie er von der constituirenden Versammlung der Wahlmänner von Stadt und Landschaft Schaffhausen beinahe einstimmig zum Mitgliede des helvetischen Obergerichts gewählt wurde [5])

---

[1]) Müller an seinen Bruder, 3. Januar 1798, Sämmtl. Werke, VI, 152.
[2]) Ebenso, 9. Januar, p. 156.
[3]) Müller's Urtheil darüber Sämmtl. Werke V, 156 f.
[4]) Mörikofer (Die schweiz. Literatur, p. 482) macht mit Recht darauf aufmerksam.
[5]) Einem Berichte von Fäsi an Johann Georg Müller zufolge wurde sogar Ende März allgemein von einer Candidatur Johannes von Müllers's ins helvetische Directorium gesprochen.

und wie er die Annahme der Wahl ablehnte [1]); unbekannt aber ist bisher geblieben, dass Müller gleichzeitig mit der ablehnenden Antwort ein Urlaubsgesuch [2]) an den Minister Thugut einreichte, um wieder die Schweiz durchreisen zu können. Müller will auf dieser Reise die Gemüther der Schweizer auf eine österreichische Intervention vorbereiten. Denn vom Kaiserhofe musste er jetzt mehr als je die einzige Rettung der Schweiz von den Franzosen erwarten. Auch hierin liegt kein Widerspruch zu seinem frühern Auftreten. Die Zeit der Noth, für welche er die Hülfe Oesterreichs der Schweiz hatte sichern wollen, war jetzt da, und so müssen wir uns kaum wundern, Müller jetzt als den eifrigsten Beförderer eines Einmarsches der österreichischen Armee in die Schweiz kennen zu lernen. Er ist jetzt geradezu der Vermittler der schweizerischen Emigrirten und aller derer, welche die Befreiung der Schweiz durch die Waffen Oesterreichs erhofften, bei Baron Thugut. Eine sehr lebhafte Correspondenz mit den Häuptern der schweizerischen Actionspartei gibt davon Zeugniss. Zahlreiche Briefe von Schultheiss Steiger, General Hotze, Oberst Rovéréa, General Weiss, dem Abte Pankraz Vorster von St. Gallen, Ulisses von Salis-Marschlins und andern, häufige Berichte über die Stimmung in den schweizerischen Kantonen, die den Franzosen immer feindseliger wurde, liefen bei Müller ein und wurden wieder von ihm dem Ministerium des Aeussern vorgelegt [3]). Während er auf der einen Seite beständig den Leiter der österreichischen Politik zum Beginne der Action anzutreiben suchte, hatte er auf der

---

[1]) Abgedruckt Sämmtl. Werke VI, 196 ff.

[2]) Wie die Antwort an die Schaffhauser datirt vom 21. April 1798.

[3]) Von dieser reichen Correspondenz sind nur die Briefe des Abtes Pankraz an Müller fast vollständig abgedruckt bei Maurer-Constant V, 349 ff. Der Schreiber macht auf den Leser einen günstigeren Eindruck, als man nach dem allgemeinen Urtheile über den letzten St. Galler Abt erwarten würde. Von den übrigen Briefen wären viele andere ebenfalls der Veröffentlichung nicht unwerth und würden vielfache Aufschlüsse gewähren.

andern Seite die Ungeduld der Emigrirten zu dämpfen, sie durch den Hinweis auf die grossen Fragen der Politik über das unbegreifliche Zögern des Wiener Hofes aufzuklären und sie mit der Versicherung zu vertrösten, dass die Action gegen Frankreich beschlossene Thatsache sei, dass aber die Zurüstungen zur Aufnahme eines erfolgreichen Kampfes noch nicht beendigt seien. Müller hatte viel zu thun, den allzu grossen Eifer der Emigrirten zurückzuhalten, vor allem zu verhindern, dass durch ihre Aufreizungen in der Schweiz eine Volkserhebung entstehe, bevor die österreichischen Heere zum Einmarsch in die Schweiz bereit standen; das bedauernswürdige Schicksal Nidwaldens war eine zu blutige Lehre. Auch musste Müller wohl die persönlichen Differenzen zwischen manchen Emigrirten beschwichtigen. Es ist wahr, unter denselben befanden sich manche Leute von zweifelhaftem Charakter [1]; im Ganzen aber dürfen wir ihren Versuch, die Schweiz mit Hülfe Oesterreichs zu befreien, nicht verdammen. Es schien als die einzig mögliche Rettung, und Oesterreich bot wohl am ehesten die Gewähr, nach geglückter Action der Schweiz ihre Unabhängigkeit und Integrität wieder zurückzugeben. In der That beweist das Auftreten Oesterreichs nach den ersten Siegen und nach Besetzung der östlichen Schweiz, dass diese Hoffnung eine berechtigte war. Der edle Erzherzog Karl übte auf die innern Angelegenheiten der besetzten Gebiete auch nicht den mindesten Druck aus und beschränkte sogar den Eifer des Abtes von St. Gallen. Eine allmählige Beruhigung der Schweiz, im Falle sie 1799 ganz von den Franzosen gesäubert worden wäre, gehört nicht zu den Dingen der Unmöglichkeit [2].

---

[1] General Hotze ist gar schlecht auf sie zu sprechen. In einem Briefe vom 20. November 1798 schreibt er an Müller: «Nos émigrés suisses — j'en excepte le seul avoyer Steiguer qui est la perle de la nation, ressemblent aux émigrés français comme deux gouttes d'eau».

[2] Von diesem Standpunkt aus kann ich nicht mit Hilty (Vorlesungen über die Helvetik p. 295) übereinstimmen, wenn er dem Schultheiss Steiger seine Betheiligung an «dieser wenig patriotischen Coalition» vorwirft.

Die erste Unternehmung Oesterreichs, welche den Wünschen der Emigrirten entsprach, war die Besetzung Graubündens durch 10 österreichische Bataillone, am 19. und 20. October 1798. Unter den Papieren Müller's befindet sich der Entwurf zu einem Manifeste, das er damals offenbar im Auftrage Thugut's niederschrieb. Dasselbe weist die Berechtigung des Einmarsches der Oesterreicher unter Hinweis auf das hinterlistige und drohende Gebahren der französischen Politiker nach. «Auf Mahnung der gesetzmässigen Regierung der bündnerischen Republik, zur Erhaltung der alten, bestehenden, durch bei weitem die meisten Stimmen kürzlich neu befestigten Verfassung, der Unabhängigkeit und Integrität des Landes» sei der Einmarsch erfolgt. Dabei liegt die Abschrift eines Schreibens «S. k. k. Majestät an Ihre Weisheiten die Herren Häupter und Rathsgenossen gemeiner drei Bünde», datirt vom 11. November 1798, unterzeichnet von Kaiser Franz II., Thugut und Johannes von Müller, der der Verfasser dieses Schreibens ist. Der Kaiser sichert darin den Bündnern seine Hülfe und seinen Schutz zu, zur Erhaltung des Glückes und der Verfassung der drei Bünde. In einem ferneren Schreiben von demselben Datum drückt auch noch Thugut den Häuptern und Räthen der drei Bünde sein beständiges Wohlwollen und sein Streben aus, Ruhe und Glückseligkeit wieder in ihre seit einigen Jahren mehrmals erschütterten Thäler zu bringen.

Vom 4. Mai 1799, unmittelbar vor Beginn der Action der österreichischen Armee gegen die helvetische Republik, ist ein Gutachten Müller's vorhanden, ebenfalls für Thugut bestimmt, über «les questions relatives à la délivrance du pays des Suisses», von zwei Gesichtspunkten aus: «Ist es möglich, diese Operation sofort zu beginnen? und wie ist ihr Erfolg leicht,

---

Dass damals in der Schweiz die Oesterreicher allgemein als Befreier begrüsst wurden, beweisen die Briefe, die Müller von zahlreichen Männern, die durchaus nicht Anhänger einer Gegenrevolution waren, erhielt, wie Fäsi, Füssli, Johannes Büel und andern.

entscheidend und nutzbringend für die allgemeine Sache zu machen»? Die Lage der Schweiz als Centrum des Krieges vom Rhein bis nach Italien ist eine ungemein wichtige, führt Müller aus. Er bejaht im Hinblick auf die verfügbaren Streitkräfte Oesterreichs und auf die Hülfsquellen die erste Frage. Zur Beantwortung der zweiten wirft er einen Blick auf die frühern Zustände der Schweiz und ihren Umsturz. Die grosse Mehrzahl der schweizerischen Bevölkerung gehorche nur dem Zwange und werde sofort den Befreiern zufallen. Bei einem Vordringen der österreichischen Armee würde voraussichtlich ein erster bedeutender Zusammenstoss im Kanton Zürich vorfallen, ein zweiter an der Aarelinie, und schliesslich würde man dem Feinde noch in der Waadt begegnen. Aber da derselbe weder auf Festungen noch auf die Unterstützung der Bevölkerung sich stützen könne, sei seine Vertreibung nicht unmöglich. Jedenfalls wäre es gut, durch eine Proclamation den durch die Revolutionäre verbreiteten Gerüchten, als ob es auf eine Erwerbung der Schweiz durch Oesterreich oder auf die Zurückführung rachsüchtiger Magistrate und aller Unvollkommenheiten der alten Ordnung abgesehen sei, entgegenzutreten. Eine allgemeine Amnestie für Alle, die die Fahnen ihrer Tyrannen verlassen, Belohnung Derer, die sich gegen sie bewaffnen und Erklärung des Landesverrathes gegen die Vertheidiger derselben soll verkündigt werden. Das Werk der Intrigue und Gewaltthat soll als null und nichtig erklärt und die Kantone eingeladen werden, wieder unter die alte Ordnung zurückzukehren, mit den Veränderungen, welche das Wohl des Landes erheische.

In jedem befreiten Kantone soll ein Commissär oder Minister, der die Schweiz und die Schweizer kennt, eingesetzt werden, zur Ueberleitung in die alte Form. Uebrigens müsse in den verschiedenen Kantonen verschieden vorgegangen werden: «rétablir à Unterwalden l'antique démocratie; engager Zuric à sacrifier les monopoles; étendre les droits de bourgeosie, pour que la fortune et le mérite puissent toujours espérer; cajoter l'amour-propre sans enhardir les passions; flatter sans donner; couvrir le tout du voile auguste de l'antiquité; faire tout et ne paraître qu'appuyer la volonté d'anciens et légitimes magistrats». Wenn mehrere Kantone versammelt seien, soll eine Tagsatzung zur Erneuerung der Eidgenossenschaft und zur Berufung eines Kriegsrathes mit weitgehenden Vollmachten zusammentreten. Die Vortheile der Befreiung der Schweiz seien unberechenbare. Das Land könne leicht 30,000 Soldaten stellen, um den Krieg aus seinem Gebiete zu entfernen. Wenn die österreichische Armee bis in den Jura vordringe, und gleichzeitig vom Rhein und Italien aus operirt werde, so sei ein rasches, ruhmvolles und heilsames Ende des heiligen Krieges der Vertheidiger des Gesetzes gegen das Verbrechen voraussichtlich. Denn die Schweizergrenze gegen die Freigrafschaft bilde die Achillesferse Frankreichs. So lange die Schweiz nicht frei sei, nütze der Besitz Schwabens und Mailands nichts. Also soll dem Feinde keine Zeit zur Verstärkung und Befestigung gegeben werden. Müller schliesst sein Gutachten mit den Worten: «Donc, s'il importe que les puissances coalisées se rendent, si tôt que possible, maîtres de la guerre (ce qu'elles ne deviendront jamais que par la délivrance de la Suisse), il est de toute importance de faire cette entreprise sans le moindre délai, et j'ai montré que cela se peut, si on le veut!»

Am 4. Juni 1799, einen Monat später, waren die Oesterreicher Herren von Zürich und der ganzen östlichen Schweiz bis zur Limmatlinie. Allerdings entsprach der Fortgang nicht diesem für die Emigrirten so freudigen Anfang. Immerhin hielt die Hoffnung der Freunde der alten Ordnung und aller, die die Befreiung der Schweiz von Frankreich ersehnten, auch in den folgenden drei Monaten, während welcher die feindlichen Armeen einander fast thatenlos gegenüberlagen, noch aus. Von vielen Seiten wurde damals der Wunsch laut, Müller möchte vom Wiener Hofe in die Schweiz abgeschickt werden, um an der Neuordnung einen ausschlaggebenden Antheil zu nehmen, und Müller selbst scheint diese Hoffnung genährt zu haben. So schreibt Fäsi am 12. Juni 1799 an Müller: «Schon gestern erhielt ich eine äusserst aufmunternde und beruhigende Antwort von Ihrem Herrn Bruder (über die Absichten Oesterreichs), worin aber für mich das allertröstlichste die Hoffnung war, dass Sie vielleicht in die Schweiz kommen werden. Ich bitte und beschwöre Sie um des Vaterlandes willen, machen Sie diese Hoffnung zur Gewissheit. Ich sehe zwar, dass viele Berge noch auszuebnen, viele Vorurtheile zu überwinden, viele Hartköpfe zu bezwingen sind; allein die Lage und die Denkungsart hat sich seit Ihrer letzten Anwesenheit sehr geändert. Unglück und Widerwärtigkeiten sind doch für manche eine derbe Schule gewesen. Auf der einen Seite haben doch die meisten Regierungsglieder einzusehen gelernt, dass ihre Massregeln verkehrt und zu hart gewesen; auf der andern Seite sieht man nun auch ein, dass man zu weit gegangen sei. Werden neue Reformen gemacht, erhalten wir eine Verfassung, die der nordamerikanischen gleicht, so bin ich überzeugt, dass neun Zehntel der Nation befriedigt werden wird. Ich glaube, jetzt sei der Zeitpunkt da, wo man gegenseitig zu einer aufrichtigen Versöhnung nicht ungeneigt wäre, wo man sich gerne die Hände bieten würde. Seitdem man sich hier überzeugt, dass der Wiener Hof unsere Unabhängigkeit und Integrität will, wird der Grundsatz sehr laut und allgemein: wir müssen eine Verfassung haben, bei der jeder Kanton in seinem Innern unabhängig ist; allein die äussern Angelegenheiten und was darauf Bezug hat, muss unter einer gemeinschaftlichen Direktion stehen; denn ohne dies kommen wir niemals in den Stand, unsere Unabhängigkeit und Neutralität zu behaupten oder respektiren zu machen. Um aber diesen schönen Gedanken auszuführen, ist ein Mann erforderlich, der von einer Partei wenigstens geliebt und von der andern geachtet ist. Dies ist einzig bei Ihnen der Fall, bei Steigern nicht. Sie allein sind der Mann, der uns retten, der unser Vaterland für jetzt und die Zukunft glücklich machen kann. Der Groll, den viele hiesige Regierungsglieder gegen Sie hatten, hat sich verloren. Sie sehen nun ein, dass Ihre Räthe die einzig guten gewesen, und Steiger, den sie als Orakel ehren, wird die Hartnäckigen eines bessern belehren. Kommen Sie also, verehrungswürdiger Mann! Setzen Sie Ihren Verdiensten noch diese Krone auf! Sie werden dadurch gewiss noch mehr Dank bei der Jetzt- und Nachwelt, als selbst die ersten Stifter unseres alten Bundes der Eidgenossen, erwerben». .

Noch ein zweites Beispiel von mehreren. Der bescheidene Johannes Büel von Hemmishofen schreibt am 30. Juni 1799 an Johannes Müller: «Was ich zum Wohl unseres Vaterlandes gegenwärtig für unentbehrlich halte, was ich täglich von der Vorsehung wünsche, und was mich auch bewogen hat, Ihnen zu schreiben, das sind Sie, theuerster Herr Staatsrath! Sie müssen zu uns kommen, wenn uns soll geholfen werden. Sie, mit Ihrem tiefen Scharfsinn, mit Ihren grossen Kenntnissen, Ihrer warmen Vaterlandsliebe, Ihrem edlen Herzen, Sie sind das Bedürfniss unseres Vaterlandes und auf Sie ist mein Auge stets gerichtet».

Auf diesen Brief antwortet Müller am 23. Juli 1799: «In Ansehung dessen, was in der Schweiz geschehen sollte, bin ich völlig Ihrer Meinung: bequemeres Format, Reinigung von Druckfehlern, hin und wieder eine erläuternde Glosse, ein rektifizirender Zusatz hindert nicht, dass das klassische Werk, welches wir über alles hochschätzen, nicht gleichwohl dasselbe bleibe. So möchte ich auch unsere uralten Verfassungen wieder, aber in ihrem ersten Geist, welcher gewiss gut und stark war, sonst hätten sie auch viele Krankheiten nicht so lang noch so glücklich ausgehalten. — Unsere alten Regenten haben nicht verdient, unterdrückt zu werden; aber nun wird gut sein, dass sie von der hergestellten Macht zu allererst den wohlthätigsten Gebrauch machen, dadurch dass sie ungezwungen den Fehlern abhelfen. Ich habe über das Detail und das Wie viel gedacht und kombinirt, wobei gewiss beide Parteien, wenn einmal die Animosität sich wieder legt, wohl fahren würden; aber es ist nicht gut, aus der Ferne und unautorisirt sich über gewisse Punkte umständlicher auszulassen. Indessen hoffe ich das beste. Die Höfe denken in Betreff der Schweiz gewiss uneigennützig und gross, wollen nur unsere Freiheit und Ruhe. Es wird auch nicht mehr lange dauern, bis sie Kommissarien oder Minister senden, welche, ohne den Schweizern etwas vorzuschreiben, ihnen mit der Unparteilichkeit rathen werden, die sich bei denen eher findet, welche in den Revolutionszeiten nicht litten noch agirten. Ich weiss nicht, ob die Wahl bei uns auf mich fallen dürfte. Geschieht es, so soll mein Bestreben sein, die alte Eidgenossenschaft bald und bestmöglichst auf ihre Grundfesten zurückführen zu helfen und alles aufs billigste (weil nur Wahrheit und Mässigung dauert) einzurichten».

In welcher Weise sich Müller die Neugestaltung der Schweiz dachte, drückte er in einem Briefe vom 31. August 1799 an Joseph Planta in London, mit welchem er in vielfachem Verkehr stand, aus: «Il faut à la Suisse une constitution fédérative. Toute autre faciliterait aux négociateurs de l'entraîner dans des guerres. Elle en serait le sacrifice, et les puissances voisines perdraient le précieux avantage d'une frontière tranquille. Il faut le retour des anciennes lois (en corrigeant quelques abus). Aussi elles reparaissent partout à mésure que l'on avance: Appenzell, Glaris, Schwyz, S. Gall, Schaffhouse ont déjà repris leurs formes». Im Wesentlichen steht hier Müller also noch durchaus auf dem im Jahre 1797 eingenommenen Standpunkte, den er auch am 13. Mai 1799 dem Schultheiss Steiger gegenüber ausspricht, in der Erwiderung eines Memoire, welches dieser ihm zugeschickt hatte[1]). Es seien, schreibt er, die Grundprincipien der Föderativrepublik und die verschiedenen Constitutionen theils wieder herzustellen, theils durch Formen zu modificiren, welche das Wesen nicht angreifen; aber diesem Werke habe die augenblickliche und wenigstens provisorische Wiedereinführung des status quo von 1797 voranzugehen. Natürlicher Weise müssen Regierungsformen geschaffen werden,

---

[1]) Von einem Gegensatze zwischen Müller und Steiger ist in der Correspondenz der beiden Männer keine Spur zu finden. Ich weiss nicht, woher Mörikofer (Literatur p. 482) diese Nachricht hat.

welche die Liebe und das Vertrauen der Nation besitzen; es wäre traurig, wenn die Schweiz zur innern Regierung sich nicht mehr fremder Gewalt entschlagen könnte. Darum müsse man berechtigten Wünschen entgegen kommen. Diese Wünsche betreffen die Beziehungen des Landvolkes zu den Städtern, und diejenigen der gemeinen Vogteien. Dem erstern könne entsprochen werden entweder durch die Einführung einer Art von Repräsentativconstitution, bei welchen nur die Hälfte der Vertretung den frühern Kreisen, die andere dem Lande zufallen solle, oder durch Erleichterung der Aufnahme ins Bürgerrecht, vor allem für vermögliche und verdiente Männer, und durch Befragung der Gesammtheit des Volkes bei wichtigen Angelegenheiten, wie Krieg, Verträgen, Auflagen u. s. w. Er würde der letztern Methode den Vorzug geben; aber über diesen Gegenstand könne kein für alle Kantone bindender Beschluss gefasst werden. Nöthig aber sei, dass jede neue Regierung in der ersten Proklamation dem Landvolke befriedigende Zusicherungen mache, und zeige, dass der Vorwurf der Revolutionäre, es sei darauf abgesehen, den grössten Theil des Volkes dem kleinsten zu unterwerfen, unwahr sei; ferner: die Denkungsart der Bauern jedes Distrikts soll ergründet und die unruhigen beruhigt werden. Die gemeinen Vogteien aber solle man eigene Regierungen einrichten lassen, wie die andern Orte, und aus ihnen sollen neue zugewandte werden, die nur in sehr wichtigen Angelegenheiten zur Tagsatzung beigezogen werden. «Sur toutes ces choses il n'y a pas de forme dont, quant à moi, je fusse idolâtre. — Il ne veut que le rétablissement de notre antique confédération et de la constitution de chaque canton sur des bases solides. — Je suis bien sûr que, voulant le même but, l'on s'entendrait fort aisément sur les moyens. — J'ai une infinité d'idées qui toutes ne tendent qu'à faire renaître le bonheur et les lois de notre pays en général et dans ses parties, et d'imaginer de préservatifs contre de semblables malheurs».

Auf das Detail der mannigfachen Thätigkeit Müller's in jenen Tagen trete ich nicht weiter ein; sie trug nicht ihre gehofften

Früchte; alle Hoffnungen, die sich an den Einmarsch der österreichischen Armee in die Schweiz geknüpft hatten, sanken dahin, nachdem Masséna die Russen und Oesterreicher wieder aus der Schweiz geworfen hatte und nachdem zwei der edelsten Vertreter der Actionspartei, Hotze und Steiger, der erstere auf dem Schlachtfelde von Schännis, der letztere in seiner zweiten Verbannung zu Augsburg, umgekommen waren. Auch in den folgenden Jahren hat aber Müller an den Fragen über die Neugestaltung seines unglücklichen Vaterlandes lebhaften Antheil genommen, zahlreiche Gutachten verfasst, Rathschläge ertheilt, und eine sehr umfangreiche Correspondenz mit den einflussreichsten Männern der Schweiz geführt. Auch hier würde sein handschriftlicher Nachlass noch manchen interessanten Aufschluss zu geben vermögen[1]). Es bildete sich in den ernsten Berathungen Müller's und seiner Freunde immer mehr jene Anschauung der Dinge aus, welcher später Bonaparte durch seine Mediation in den wesentlichsten Punkten entgegenkam. Im Uebrigen beschränkte sich der Einfluss, den Müller auf die leitenden Kreise in Wien ausübte, nach dem unglücklichen Ausgang des österreichischen Feldzuges von 1799, mehr und mehr, bis er schliesslich durch seinen Austritt aus dem Departement des Aeussern und seine Anstellung als erster Custos der kaiserlichen Bibliothek der Politik fast vollständig entfremdet wurde[2]).

---

[1]) Unter den Correspondenten, mit welchen Müller von 1800 an verkehrt, nimmt Dr. Sulzer zum Adler in Winterthur, dessen Briefe und Anregungen fast immer den Kern der Sache treffen, eine hervorragende Stellung ein.

[2]) Eine eigenthümliche und offenbar durch die Länge der dazwischenliegenden Zeit entstellte Erklärung seiner Zurücksetzung durch Thugut habe ich in einem Briefe des Leipziger Buchhändlers Griesinger an Johann Georg Müller (vom September 1809) gefunden: «Während des im Jahre 1800 (!) für die Oesterreicher anfangs so glücklichen Feldzuges verlangte der Baron Thugut von Ihrem Herrn Bruder einen Plan, wie mit den gemachten und zu machenden Eroberungen zu schalten sei. Johann Müller empfahl in seinem Aufsatz besonders, die Unabhängigkeit der Schweiz zu

Müller hat, so lautet unser Endurtheil, in reiner Vaterlandsliebe, nach bestem Wissen und Einsehen, zuerst das drohende Verderben vom Vaterlande abzuwenden versucht und, nachdem das Verhängniss dennoch eingetreten war, sein Möglichstes gethan, um die Fremdherrschaft zu verdrängen und einen neuen Zustand des Glückes und der Ordnung herbeiführen zu helfen. Schon von vielen seiner Zeitgenossen heftig angegriffen, hat es ihm doch an der Anerkennung vieler edlen Männer in der Schweiz und im Auslande nicht gefehlt, und von seinen nächsten Freunden ist keiner an ihm irre geworden. In dem Geschmacke der Zeit nach etwas überschwenglichen Worten, aber im Grunde zutreffend schreibt der österreichische Hofsekretär Batsanyi über Johannes von Müller:

«Wohl dem Manne, der, wie ein würdiger Freund, wandelnd auf den Trümmern vergangener Reiche und an den steten Wechsel menschlicher Dinge gewöhnt, mit immer regem Gefühl zwar, aber frei, unbesorgt und mit kaltem Blick in die schreckenvolle Zukunft sehen, im Angesicht seines nicht mehr zu rettenden Vaterlandes und am Rande des allgemeinen durch die Blindheit und Unvernunft einzelner Thoren beschleunigten Untergangs, das Bewusstsein retten kann, nichts, was ihm Gott und Natur durch Pflicht und Vernunft gebeut, versäumt zu haben. Die Welt mag mit ihm untergehen, wenn es sein muss: impavidum ferient ruinae!»

---

respektiren. Von der Zeit an brauchte ihn Thugut sehr selten, und Ihr Herr Bruder las in der Staatskanzlei die byzantinischen Geschichtsschreiber. Ich habe diese Anekdote aus seinem Munde».

BEILAGEN.

I.

Die Urlaubsgesuche von 1797.

1) *30. Juni 1797* [1]).

La Suisse paraissant menacée d'une invasion étrangère et d'une grande commotion dans l'intérieur, le soussigné (y ayant tout son bien, et désirant s'arranger avant l'explosion) prends très respectueusement la liberté de supplier Votre Excellence, afin d'obtenir un congé de deux mois.

Le soussigné pousse plus loin sa confiance dans les bontés de Votre Excellence et jusqu'à La prier de vouloir permettre qu'on lui paye par anticipation un quartier de ses gages.

Pour éviter de donner ombrage à qui que ce soit, le soussigné dira à tout le monde la vérité, qu'il n'est chargé de rien, et que ce n'est point l'employé de la chancellerie d'Etat qui voyage, mais un particulier suisse qui veut réaliser quelques capitaux.

Encore dernièrement, lorsque Votre Excellence me fit travailler sur la partie italienne de la Suisse, Elle a pu remarquer que l'intérêt du service de Sa Majesté va chez moi avant tout.

Si Elle le croyait utile, je pourrais aisément engager un nombre considérable de mes compatriotes laborieux et industrieux à chercher la tranquillité sous le gouvernement doux et bienfaisant de Sa Majesté, et revenir peut-être avec une colonie qui ne serait pas la partie la moins estimable de la nation helvétique, et qui n'aurait pas les mains absolument vides.

---

[1]) Siehe oben p. 18.

2) *6. Juli 1797* [1]).

Dès que Sa Majesté n'est point d'intelligence avec les Français pour bouleverser la Suisse, il y aurait, s'il en est temps encore, à exécuter un plan qui à la fois sauverait les ligues suisses d'un extrême péril et cimenterait sur une base ferme une liaison plus intime entre elles et l'auguste cour.

Depuis le 3 de ce mois se tient la diète générale de la confédération helvétique à Frauenfeld. C'est là que le Valais et Zurich ont sagement renvoyé la discussion de la demande de Bonaparte. C'est là que le secrétaire Laquiante pressera les cantons d'y consentir ; les aristocraties savent bien qu'elles seraient perdues en l'accordant. Mais il serait possible que le parti français réussît à faire prévaloir la crainte que toute la Suisse ne fût perdue en s'y refusant. Il y parviendra surtout en accréditant l'opinion d'un concert secret entre notre cour et les Français. Le colonel prussien Pellet, homme plus que suspect, va aussi à Frauenfeld.

Or si l'on venait leur dire : « Vous êtes, magnifiques seigneurs, dans le plus grand embarras où Vous ayez été jamais depuis Guillaume Tell. Il y a un seul moyen de Vous en tirer. Promettez telle et telle chose à la Cour de Vienne, et je le ferai parvenir par estafette. Alors Sa Majesté tiendra un langage en Votre faveur auprès des Français, et leur déclarera nettement comme quoi Elle ne souffrirait jamais qu'il fût donné la moindre atteinte à la tranquillité de l'Helvétie ni au status-quo de Vos gouvernements »; il semble que ce serait le moment ou jamais de se rendre bien certain, si notre cour pourra compter de tirer quelque parti de la Suisse. Pour moi, je le croirais ; mais si, contre toute attente, elle était tellement gangrenée du mal français, qu'elle aimât mieux se précipiter dans une ruine totale que de payer un médecin, alors moi-même j'aurais l'honneur de mettre sous les yeux de Votre Excellence des plans tout différents.

Je croirais qu'on pourrait persuader aux députés de Berne, de Lucerne, de Fribourg, de Soleure et de Zurich, de prendre d'abord quelque engagement éventuel : On leur citerait l'exemple des Etats généraux des Provinces-Unies, qui en 1668 sauvèrent la Belgique, en outrepassant la forme de leur constitution, pour signer avec le chevalier Temple une alliance à laquelle ils n'étaient pas autorisés par leur commettants.

La meilleure forme serait peut-être une lettre qu'on engagerait ces députés d'écrire à Sa Majesté, dans laquelle, en suppliant l'empereur de les sauver, ils promettraient un engagement d'alliance pareille à la dernière, qui à été contractée en 1777 avec le dernier roi de France.

---

[1]) Oben p. 18.

Quel que pût être le crédit personnel de celui qui tenterait cette opération importante d'escamoter la Suisse aux Français, il lui faudrait une espèce d'autorisation, à n'être montrée qu'aux bien intentionnés, sans la faire sortir de ses mains. Elle pourrait consister dans un billet de Sa Majesté à Votre Excellence : «J'agrée que Vous donniez à tel et tel la permission qu'il a demandée d'aller en Suisse pour deux mois. Mais qu'il ne néglige pas de sonder les principaux cantons sur les objets dont Vous l'avez instruit. Vous savez que je m'intéresse beaucoup au sort de la Suisse ; j'espère qu'il en fera bientôt un rapport satisfaisant».

Mais en réfléchissant que la diète se sera assemblée le 3, que le flegme helvétique va être électrisé par Laquiante et peut-être Pellet, à la force du parti français et aux soupçons qu'on a répandus contre nous, enfin qu'il faut au moins six jours de Vienne à Frauenfeld, cet essai pour un pays aussi peuplé et plus grand que la haute et la basse Autriche et qui naguère avait 38,000 hommes dans les divers services de l'Europe, paraît ne pas devoir être différé. C'est cette considération qui excusera la liberté que je prends de soumettre encore ces idées au jugement de Votre Excellence.

3) *Undatirt* [1]).

Votre Excellence! Si après Son départ avec l'empereur je puis être de quelque utilité ici, je remplirai ponctuellement ses ordres ; mais si cela n'était pas, je prendrais la liberté de soumettre à Sa considération une idée :

Si j'allais faire un voyage en Suisse, tout-à-fait en simple particulier et sans aucune apparence de mission, comme pour recueillir encore quelques mémoires pour continuer l'histoire que j'ai écrite de ce pays, il y a apparence que j'y apprendrais des détails intéressants sur l'intérieur de la France et de Paris, sur les chefs qui y gouvernent, leurs dispositions et les intelligences secrètes dont Barthélemy et Bacher peuvent être les instruments. D'ailleurs, n'y ayant point de ministre actuellement (!), la Suisse elle-même peut fournir des notices qui ne sont pas entièrement indifférentes et que la cour ne saurait apprendre autrement. Les nombre des connaissances que j'y ai, et les relations qui subsistent toujours entre ce pays et la France, ainsi que les étrangers qui affluent à Lausanne, à Zurich et à Neuchâtel donneraient matière à des rapports que j'adresserais à Votre Excellence là où Elle serait ; j'ose croire qu'il y en aurait d'assez curieux.

---

[1]) Oben p. 19.

Mille ou 1200 florins suffiraient pour les frais du voyage et les principales courses ; du reste je vivrais de la pension que j'aurais sans cela dépensée moins utilement ici.

Votre Excellence jugera si cette idée peut avoir des côtés plausibles ; il me suffit qu'Elle y reconnaisse mon désir d'être utile.

J'ai l'honneur etc.

4) *10. Juli 1797; abgedruckt sämmtl. Werke XVII, 57 ff.*

II.
Aus den Berichten Müller's an Thugut von 1797.

1.
Bericht vom 26. Juli 1797.

Après avoir réitéré à Votre Excellence l'expression de ma plus vive reconnaissance pour la grâce qu'Elle m'a fait obtenir de Sa Majesté la très gracieuse permission du congé dont je profite pour revoir la Suisse, je prends la liberté de commencer à mettre sous Ses yeux les observations qui pourraient paraître dignes de Lui être présentées, concernant l'état actuel des relations et événements politiques de ce pays. La position géographique des lieux ne m'ayant pas permis d'aller tout de suite à Berne, Votre Excellence ne pourra voir que par mon prochain rapport le résultat de la conversation que j'aurai au 1er jour avec monsieur Mallet du Pan. Par contre je suis arrivé à Frauenfeld la veille de la dissolution de la diète générale des ligues suisses qui s'y tient annuellement. C'est d'après monsieur Wyss, bourguemaître de Zurich et M. de Mulinen, avoyer de Berne, avec lesquels j'ai d'anciennes liaisons, et d'après les renseignements que j'ai été à même de prendre de quelques autres personnes, que je rendrai compte à Votre Excellence, d'abord de la principale affaire qui s'est traitée à Frauenfeld relativement au passage de l'armée du général Bonaparte, ensuite des affaires du prince de St. Gall et des Grisons, enfin de la façon de penser à l'égard de l'auguste cour que j'ai trouvée établie chez ces chefs d'Etat.

Il n'y a pas eu la moindre hésitation ni discordance d'avis au sujet du passage de Bonaparte. Le bourguemaître de Zurich et après lui tous les autres chefs ont développé le danger extrême qui résulterait pour la république des Suisses, tant par rapport à l'esprit révolutionnaire qui ne manquera pas d'éclater à cette occasion dans le Bas Valais et au pays de Vaud, qu'aussi en tant que cela altérerait entièrement la situation politique de leur pays, qui intéresse les voisins, surtout celle d'une frontière parfaitement sûre, qui depuis 300 ans n'a jamais été violée par aucune troupe étrangère et dispense par conséquent les états voisins de toutes les mesures de défense. Les Valtelinois même, un peu intimidés d'abord à la vue de cette unanimité de la confédération helvétique, ont repris courage. L'arrêté a été pris d'écrire à la fois au directoire (Mr. de Melunes ayant déjà prévenu Barthélemy) de la part de tous les cantons, à Bonaparte au nom des Valtelinois et aux représentants suisses qui sont à Lugano, de la manière que les pièces annexées font connaitre à Votre Excellence.

Il y a à espérer que la chose restera là pour le moment, le directoire ayant arrêté le 10 juillet que Bonaparte devait pour à présent se désister de la demande. Mais cette limitation, l'ambition et l'avidité de ce général et la position des choses dans le directoire même ne laisse pas d'entretenir beaucoup d'inquiétude. On connaît les intentions amicales de Barthélemy, et on est assez content des sentiments de Carnot, mais Barras et surtout Rewbel sont regardés pour des hommes toujours prêts à faire tomber sur les voisins même les plus innocents le poids d'une puissance qui semble ne s'entretenir que par la destruction du bonheur et du bien-être des autres peuples. La nomination de Talleyrand Périgaud au ministre des affaires extérieures a fait plaisir. M. d'Erlach, qui est en quelques liaisons avec lui, croit qu'il travaillera tout à fait dans le sens de Barthélemy. Le système de ce dernier est bon, celui de la modération, mais on est fâché que les attaques un peu trop vives ou précipitées que le directoire a éprouvées de la part du conseil des 500 ont rapproché celui-là du général Bonaparte, avec lequel il était brouillé; on craint que cela n'entraîne quelques complaisances envers Bonaparte, qui ne sont jamais favorables à la tranquillité de l'Europe. On est également persuadé qu'il n'y a pas de repos à espérer tant que ce général jouira des pouvoirs illimités qu'il s'est arrogé en Lombardie, dont plusieurs sont véritablement effrayants par leur étendue et par l'activité avec laquelle il les pousse.

Ce qui est arrivé aux Grisons en est une nouvelle preuve. Ce n'est pas tant ou non seulement les Valtelinois et les pays adjacents à qui il veut qu'au pays des Grisons même, qui déjà est tellement gangrené de son jacobinisme qu'il y fait ce qu'il veut. Quand les chefs des Grisons ont dû s'adresser pour la forme aux Suisses et demander les conseils et les bons offices dans l'affaire de la Valteline, ils ont à la fois, sans en attendre aucune réponse, accepté la médiation, c'est-à-dire les lois de Bonaparte, et même témoigné à leurs communes souveraines que, d'après ce que celui-ci avait fait sentir à leurs députés, la réclamation de l'intervention des Suisses ne ferait que du mal. Cette conduite inconséquente et perfide met les cantons dans un étrange embarras. Ils voient bien l'importance et les suites indubitables de la révolution des Grisons; mais eux qui à peine peuvent espérer d'échapper à une crise terrible, sentent qu'ils ne sauront, sans s'attirer la vengeance de Bonaparte la plus effroyable, se mêler d'une affaire que les Grisons veulent terminer sans eux.

Ce n'est pas qu'ils fussent intentionnés de céder légèrement aux instances qu'il pourrait faire à la Suisse pour des choses contraires à sa constitution; au contraire, les principaux cantons paraissent décidés au parti de la fermeté et assurés de trouver parmi les peuples et les alliés même démocratiques une assistance très forte et indubitable. Mais ce n'est que dans le cas où il fût évident que le mal vient de l'ennemi, qu'il n'a pas été provoqué par quelques démarches inconsidérées des gouvernements, qui tous sont plus ou moins populaires et dont aucun n'a des troupes régulièrement soldées, il est en effet d'une nécessité indispensable de ménager l'opinion publique avec le plus grand soin.

Il est d'autant plus nécessaire que les gouvernements helvétiques usent de cette prudence que les affaires de St-Gall menacent beaucoup la partie orientale de la Suisse. L'abbé de St-Gall est un prince assez considérable de ce quartier; il a plus de 100,000 sujets, mais son pouvoir est non seulement borné par les anciennes libertés, mais parce que chaque district de son pays a une constitution différente. Ceci rend en effet son administration sujette à de très grandes difficultés. Il y a eu dans son pays plus de troubles depuis quatre siècles que dans tout le reste de la Suisse ensemble. Les moines élisent à l'ordre un chef qui paraît avoir l'intelligence et l'activité nécessaires dans sa position; les élus veulent se distinguer et bien mériter de leur communauté; ceci les rend entreprenants et de là viennent des troubles toujours renaissants.

L'abbé Béda, mort l'année passée, avait fait dans son extrême vieillesse un accord avec la partie de ses sujets qui s'était révoltée; sans doute cette convention n'est guère avantageuse pour lui ni pour ses successeurs, mais elle semble dictée par la nécessité des circonstances du jour. Pancrace Vorster, à peine élu à sa place, tâcha (!) divers moyens de regagner une partie du pouvoir qu'il accusait son prédécesseur d'avoir cédé trop facilement. Mais il paraît bien qu'en ceci il n'avait pas consulté l'esprit du siècle, ni calculé les ressources qu'il aurait à lui opposer. Non seulement les sujets refusèrent de céder aucune chose dont ils étaient investis par la dernière convention, ils portaient les protestations même plus loin. Les démagogues paraissent avoir étudié à l'école des grands maîtres en fait de révolution; ils montrent beaucoup de fermeté, et ils évitent soigneusement de donner lieu à des excès qui révolteraient leurs amis et protecteurs. Ils en ont dans le canton de Glaris, ou il existe une association très ressemblante aux clubs dans lesquels s'est tramée la révolution française. Ce canton avec ses chefs pleins d'énergie impose à celui de Schwitz; cel aparalyse les effets que Zurich et Lucerne (les deux autres cantons protecteurs de l'abbé) sont disposés de faire pour forcer le peuple à rentrer en ordre. Les Français ont pris connaissance de tout ceci. On m'a raconté à Arbon que Laquiante, qui était à Frauenfeld (mais qui déjà avant mon arrivée en est parti pour Paris), a témoigné aux députés du prince abbé qu'on était bien informé de ses principes antirépublicains, et qu'il les avertissait de lui faire adopter des mesures tout à fait différentes, à moins qu'il ne veuille attirer sur lui-même et sur toute la Suisse des malheurs extrêmes. J'ai vu à Rorschach un Italien qui paraît un homme de beaucoup de finesse et qu'on croit un émissaire de Bonaparte ou de Lombardie.

Tout ceci a porté les cantons à déclarer au prince abbé que l'intérêt de la tranquillité générale exige absolument qu'il entre dans les désirs de ses sujets, modifiés par un prononcé de commissaires médiateurs. Avant-hier on devait le publier; tout le pays s'est assemblé à St-Gall. Mais je ne pourrai donner que dans mon prochain rapport l'événement de ce jour. Ce n'est que de bruits vagues que j'apprends qu'il a mal fini, parceque le prince a refusé de se rendre à St-Gall et de ratifier par sa présence le projet de la constitution. Cette affaire inquiète extrêmement. C'est pour la seconde fois dans le 18ᵉ siècle que le pays de St-Gall met la Suisse dans un péril éminent de guerre civile et étrangère. On craint prodigieusement que les Français ne prennent cause pour les sujets. Alors le prince et les cantons s'adresseraient sûrement à Sa Majesté.

Toutes ces choses qui se passent aux Grisons et dans le pays de St-Gall tendent à élever des démocraties anarchiques et remuantes sur les frontières du Tyrol et de la Souabe. Votre Excellence connaît la mauvaise constitution du cercle de Souabe, la multitude de ses princes, et combien est petit le nombre de ceux qui savent acquérir l'amour de leurs sujets. Le peuple du Tyrol en a bien rendu d'excellentes preuves; il le sent aussi; quand il y aurait tôt ou tard des gouverneurs qui ne sauraient pas bien tempérer la dignité par la popularité, et rendre respectable celle-ci par celle-là, ce nouveau voisinage qui se forme serait fort dangereux. Votre Excellence n'ignore pas que sous l'empereur Joseph et dans ces derniers temps des embarras de la monarchie, la pensée de se coaliser avec les Grisons et la partie voisine de la Suisse n'a pas été étrangère à beaucoup de têtes tyroliennes, et M. le comte de Lehrbach en est bien convenu aussi qu'il y aurait à craindre.

2.
Bericht vom 1. August 1797.

Comme le général Bonaparte s'est déclaré ennemi personnel de Mallet du Pan, dont il avait été qualifié pour ce qu'il est, le parti des gens timides à Berne a prévalu pour confirmer l'ordre qui avait été déjà donné précédemment de s'éloigner de cette ville dans le courant du mois d'août. C'est ce qui m'a fait juger qu'il vaudrait mieux lui donner un rendez-vous dans le pays où l'on fût moins exposé à l'attention. Je l'ai fait venir à Langenthal, gros bourg du canton près du monastère de St. Urbain, et c'est de là qu'en ce moment il vient de repartir pour Berne.

Le principal sujet de notre conversation ont été les affaires générales et celles de France, qui y sont le plus étroitement liées. M. Mallet n'attend absolument rien d'équitable, ni peut-il se persuader de la possibilité d'une paix stable avec le directoire exécutif. Rewbel, dont l'ardente impétuosité, dédaignant toutes les bornes de la modération, a pris avec Barras et le faible la Reveillière le Paux un tel ascendant sur les autres collègues que ceux-ci ont vraiment très peu d'influence. Par contre le corps législatif est irréconciliablement révolté des façons de faire du directoire; c'est celui-là qui veut décidement la paix, et celui-ci (Rewbel principalement dirigé par l'abbé Sieyès) veut auparavant le bouleversement et le pillage de l'Europe. L'abbé Sieyès y est porté par système, les autres par besoin ; ils ont à satisfaire l'avidité immense des généraux et, ce qui est le vrai nœud gordien, à se procurer les moyens pécuniaires qu'il faut pour faire marcher les affaires. Ces moyens vraiment ne peuvent être que des palliatifs ; mais il est reçu en France depuis des années de ne vivre qu'au jour la journée. La difficulté de faire cela même augmente continuellement, et les finances, après avoir miné le trône des Bourbons, ont bien l'air de préparer aussi la chute de la république.

Dans cet état des choses le directoire s'appuie principalement de Bonaparte et compte l'employer dans l'intérieur pour tenir tête à ses adversaires, tandis que le conseil législatif a Pichegru pour lui, avec lequel Moreau tient. L'Italie et l'armée qui la domine est regardée comme un pays qui pourrait servir de refuge. C'est pourquoi le directoire ne s'opposera jamais sincèrement à tout ce que pourra faire Bonaparte pour s'y affermir et pour assurer à son parti un pouvoir sans bornes. Ce général tâche de remplir le plus qu'il peut les postes de confiance dans son armée des Corses, ses compatriotes, et d'éloigner sous divers prétextes ceux qui pourraient le contrarier (comme Serrurier, qu'on dit honnête homme); en même temps il amasse des sommes immenses ; il a des millions à Gênes dans les maisons Calvi et Balbi ; sa femme a des cassettes pleines de diamants volés aux monts de piété et dans les palais des riches. Le directoire tâche de tenir le public et le conseil législatif dans la plus parfaite ignorance de ces choses-là et de l'état des affaires étrangères.

Mallet du Pan regarde comme une chose fort importante d'instruire le public de la véritable cause du retard de la paix, de lui faire connaître avec évidence la façon de faire de Bonaparte et du directoire, de détruire les bruits absurdes qu'on a cherché de répandre sur les vues et les dispositions de notre cour, bruits dont lui-même était si frappé que cela seul et le manque de la connaissance du vrai état des choses l'avait empêché d'écrire davantage sur ces matières, et d'annoncer à la nation que l'empereur veut observer ce qu'il a promis, mais qu'en tel et tel point ce sont Bonaparte et ces protecteurs qui ont fait justement le contraire.

Comme cela est tout à fait conforme à ce que Votre Excellence m'a fait la grâce de me dire avant mon départ, je suis entré en matière avec lui, et je lui ai fait observer que la destruction de la république de Venise est une chose à tout sens contraire à l'esprit des préliminaires qui en supposeront la durée ultérieure, et dans lesquelles on s'est promis de faire mutuellement ce qu'on pourrait pour le maintien de la tranquillité intérieure (à laquelle rien ne saurait être plus préjudiciable que l'établissement des démocraties remuantes, anarchiques sur nos frontières).

Il écrira donc là-dessus au premier jour et avec force. Il m'a seulement prié avec instance de lui communiquer ce qui pourrait me parvenir de l'état des affaires qui, étant un tableau mouvant, doit être présenté au public presque tous les jours autrement. Mallet par sa part à la « Quotidienne » et autres feuilles de France est très en état de le faire.

Il m'a fait quelques questions auxquelles je n'ai pas été en état de répondre : comme si la restitution de Mantoue était dans les préliminaires, et s'il y a eu quelque fixation déterminée des domaines qu'on voulait alors laisser à la république de Venise. Comme j'ai établi avec Mallet une correspondance absolument sûre, je serai à même de lui faire parvenir avec célérité tout ce que Votre Excellence pourrait croire intéressant pour être porté à la connaissance du public.

Il vient d'être invité sous les promesses les plus encourageantes et la garantie de sa personne aussi assurée qu'on peut la donner à Lyon. Cette ville est dans un état de contrerévolution ouverte, et Marseille est d'accord avec elle. Cependant Mallet, craignant de se trouver entre Bonaparte et les forces que le directoire pourrait ramasser pour les envoyer là, préférerait un asile dans les états de Sa Majesté, mais qui fût aussi près que possible des frontières de France. Il nous a paru que la ville de Rheinfelden (celle des villes forestières qui est la plus proche de Bâle) y serait propre, s'il est forcé de quitter Berne avant que j'aie le temps de recevoir quelques ordres de Votre Excellence. J'écrirai au baron de Summerau pour lui accorder cet asile; en attendant, si la guerre recommençait et qu'il y fût inquiété, je tâcherais qu'il pût être à Kaiserstuhl, ville de l'évêque de Constance, enclavée en Suisse et qui est sous la protection des cantons corégents de Baden, ou bien à Constance.

D'ailleurs je l'ai encouragé de toutes les manières. C'est un homme qui n'a pas de fortune et qui est père de famille. Je lui ai payé le voyage qu'il a fait pour me joindre. Je lui ai présenté la perspective que, s'il acquérait des mérites envers la cour impériale, ils serviraient de recommandation à celui de ses fils qu'il pourrait vouloir placer chez nous.

Au reste il a le plus grand espoir que, si la guerre recommençait, elle serait glorieuse pour les armées de Sa Majesté l'Empereur, et ruineuse pour les projets du bouleversement général, et bien propre à opérer un changement très salutaire en France même.

La voix publique même, et surtout des jeunes gens, est tout à fait contraire aux maximes du directoire; non seulement la paix est généralement désirée, mais on souhaiterait assez généralement qu'elle fût accompagnée d'une nouvelle alliance avec notre cour, universellement respectée par sa droiture, par la solidité de ses engagements et par le désintéressement qu'elle a fait voir. On regarde ce rapprochement comme la base la plus solide d'une paix durable sur la terre ferme de l'Europe. Mallet est persuadé que, sans des mesures nouvelles et bien vigoureuses, les progrès des anarchistes ne pourront pas être arrêtés, et qu'il n'y aura jamais qu'une paix pire que la guerre. La guerre serait le tocsin de rappeler à l'activité tous les hommes bien pensants que la paix et ses suites ont fait désespérer de la chose publique, et un coup de foudre pour ceux qui ont cru pouvoir impunément abuser d'un ascendant momentané.

En Suisse, le peuple est généralement ennemi des Français, mais les gouvernements sont lâches et les chefs d'Etat qui ne le sont pas ont presque tous, comme M. Steiguer, perdu leur crédit. Mais les affaires dans ce pays formeront le sujet d'un autre rapport.

3.

Bericht vom 5. August 1797.

J'ai estimé ne pas laisser ignorer à Votre Excellence une chose dont je viens d'être informé tout à l'heure: c'est qu'il est question de donner aux cantons de Zurich, Berne et Schaffhouse la permission d'une levée de 15,000 hommes pour le service de la Prusse, savoir de deux régiments d'infanterie, de 4 bataillons et de 7 compagnies d'infanterie légère, les compagnies de 165 hommes, dont 75 doivent être Suisses, les autres peuvent être Allemands. Je ne puis savoir encore si les cantons y consentiront. La perspective d'un établissement honorable pour un grand nombre de fils de famille et l'embarras de nourrir et d'occuper la surabondance de jeunes gens que la cessation des services de France et de Hollande a répandus en Suisse, serviront d'appui à ces propositions prussiennes. Si elles venaient à réussir, le roi aurait incessamment la même influence dans ces pays, comme autrefois les rois de France, et d'ailleurs un corps de troupes dont la réputation de courage et de fidélité n'a jamais été entâchée dans les guerres de l'Europe. Je croirais très humblement, j'eusse souhaité du moins qu'un pareil corps de troupes eût pu convenir à Sa Majesté, au moment où une partie de l'armée a besoin d'être renouvelée à tous égards. J'ignore les conditions que la cour de Berlin fait, mais elles ne sauront être au-dessus de ce qu'eût pu faire une cour dont les ressources sont infiniment supérieures.

Je prendrai la liberté d'exposer dans mon prochain rapport à Votre Excellence l'état critique du pays des Grisons, qui risque d'être tout à fait affilée à la république cisalpine, et où il pourrait être question d'élever même deux forteresses (à Luciensteig, du côté de notre Vorarlberg, et à Finstermünz, du côté du Tyrol) qui ne seraient pas indifférentes dans les occasions. L'affaire de la Valteline et celle-ci, qui y est étroitement liée, est aussi importante pour la monarchie autrichienne que pour la Suisse. On intimide celle-ci, mais on ne saurait empêcher la cour de tenir le langage que ses propres intérêts, celui de la tranquillité et la sûreté de ses frontières lui dictent.

4.

Antwort Thugut's auf die drei ersten Berichte. 19. August 1797.

J'ai reçu les trois lettres que depuis Votre départ de Vienne Vous avez pris la peine de m'écrire et dont la dernière est en date du 5 de ce mois ; je Vous fais, Monsieur, mes très sincères remerciments des particularités intéressantes que Vous avez bien voulu me transmettre.

Les détails de Votre entrevue avec M. Mallet du Pan m'ont fait le plus grand plaisir ; je suis persuadé comme Vous que les talents connus de cet écrivain célèbre pourront être fort utiles à la cause générale de l'humanité et de toute l'Europe, en éclairant les manœuvres de ceux qui, cherchant à en imposer au public par l'hypocrisie de leurs prétendus désirs pacifiques, sont au fond décidés à rendre la paix impossible et la continuation de la guerre indispensable.

Mais M. Mallet du Pan sentira aisément lui-même que, pour d'autant mieux assurer l'effet de ses bonnes intentions, il sera essentiel de cacher ses relations avec Vous et la source des différentes notions qu'il pourra présenter au public, en supposant de se les être procurés par d'autres voies, et en y donnant des tournures sur lesquelles nous nous rapportons volontiers à sa propre dextérité.

D'après cette observation je doute qu'il convînt que mons. Mallet du Pan, au cas qu'il fût obligé de quitter Berne, s'établît dans quelqu'une des provinces autrichiennes; vu que, son séjour ne pouvant rester ignoré, il en résulterait toujours quelque soupçon d'une liaison avec nous; au surplus ce n'est nullement par un défaut de bonne volonté que je fais cette remarque, et si M. Mallet persiste à se retirer pour quelque temps à Rheinfelden, Vous pouvez, Monsieur, sans difficulté en écrire à M. le baron de Summerau, que j'aurai d'ailleurs soin d'en prévenir moi-même.

Les possessions futures de la république de Venise, ou celles qu'elle devait recevoir en dédommagement de ses pertes, ont été clairement déterminées dans les préliminaires, ainsi que M. Mallet du Pan l'a présumé: ce qui prouve évidemment que l'intention des deux parties contractantes a dû être que la république de Venise devait continuer d'exister selon son ancienne forme de gouvernement, et que le général Bonaparte, quoique dès lors déjà il déclarât être en guerre avec Venise, n'a eu garde de faire apercevoir son dessein secret de bouleverser la constitution de Venise; en attendant, pendant que le directoire ratifiait pleinement et sans restrictions tout ce que le général Bonaparte avait stipulé, ce dernier démocratisa inopinément Venise, afin que cette ville, ne pouvant plus rien posséder et ne pouvant plus que faire partie d'un autre tout républicain, l'on pût élever la prétention que tant la ville de Venise que les possessions dont elle eût dû jouir, doivent être incorporées dans la Cisalpine.

Ce que M. Mallet du Pan peut affirmer hardiment avoir appris par le rapport unanime de toutes ses correspondances, c'est que l'empereur n'a cessé de faire déclarer aux plénipotentiaires français, et a déclaré encore en dernier lieu de la manière la plus positive, qu'en désirant la plus prompte conclusion de la paix, il ne demande que l'exécution des engagements que les deux parties ont réciproquement contractés dans les préliminaires, c'est-à-dire que l'empereur se borne à ne demander que ce qu'il a eu la fermeté d'exiger et ce que Bonaparte a été obligé d'accorder, lorsqu'il était même presque sous les murs de Vienne, enfin ce que le directoire a ratifié sans hésiter un instant; comment saurait-on annoncer en France qu'on souhaite la paix, lorsque la paix ne tient qu'à l'accomplissements de ce qui a été solennellement promis, approuvé et ratifié et qu'on refuse d'y satisfaire? comment le directoire pourrait-il s'attirer les reproches les mieux mérités de déloyauté et de mauvaise foi ? comment pourrait-il exposer tant de millions d'hommes, habitants de l'Allemagne et de la France, à la continuation de toutes les horreurs de la guerre, uniquement pour soutenir Bonaparte dans son funeste projet de bouleverser encore toute le reste de l'Italie, d'en former une immense jacobinière, source éternelle de guerres sans nombre dans l'avenir, qui, en devastant toute l'Europe, ne pourraient que ramener les anciens siècles de barbarie?

Je serais fort de Votre avis, Monsieur, sur l'utilité d'avoir des troupes Suisses à notre solde, mais ces troupes sont fort chères, et Vous connaissez l'excessif épuisement de nos finances à la suite des frais immenses que nous a causés cette guerre; il me serait même difficile de me persuader que les finances de la cour de Berlin, dont l'état selon les notices les plus vraisemblables n'est pas non plus trop florissant, puissent se charger d'une pareille dépense; je Vous serai cependant très-obligé de m'informer de ce qui sur cet objet parviendra ultérieurement à Votre connaissance.

Vu l'expérience que Vous avez des affaires, il est sans doute superflu d'observer ici qu'il conviendra de ne pas me nommer dans aucune de Vos communications par écrit avec M. Mallet du Pan, et qu'il sera bon d'y employer les mêmes précautions qui ont été conseillées pour les choses que M. Mallet pourrait imprimer.

Je serai charmé, Monsieur, de recevoir souvent de Vos nouvelles; je Vous prie surtout de m'accuser le plus tôt la réception de cette lettre; j'ai l'honneur d'être avec des sentiments très-distingués

   Monsieur
     Votre très humble et très obéissant serviteur
Vienne le 19 août 1797. le baron de Thugut.[1])

5.

Bericht vom 14. August 1797.

Depuis la dernière lettre que j'ai eu l'honneur d'adresser de Zurich à Votre Excellence, j'ai vu les pays qui s'étaient révoltés contre ce canton il y a quelque temps, puis celui de Toggenburg, les canton de Glaris, de Zug et de Lucerne et le fameux monastère de Notre-Dame des Ermites, dans le dessein de m'informer exactement de la manière de penser des divers cantons, de leur état politique et du plus ou moins d'influence que tel ou tel gouvernement étranger eût acquise parmi eux. Au lieu d'importuner Votre Excellence de détails minutieux pour Elle, j'en réserve le

---

[1]) Eigenhändige Unterschrift.

résultat à un rapport général sur l'état de la Suisse que je rédigerai après avoir tout vu, me bornant pour à présent aux affaires courantes, ou qui peuvent avoir un intérêt momentané.

Quant à celles des Grisons, tous les renseignements confirment que le parti attaché à l'ancienne constitution et dévoué à l'auguste cour est le plus nombreux, que l'autre domine par son énergie et (!) activité plus grande, mais qu'il ne faudrait que quelques déclarations fermes et peut-être un résident qui le fût davantage que M. de Cronthal, pour ranimer plus que jamais le courage des serviteurs de Sa Majesté dans ce pays. Au reste je compte que son sort dépendra moins de la façon de penser des communes que de ce dont les puissances contractantes pour la paix conviendront à l'égard de cette frontière, et Votre Excellence aura donné aux plénipotentiaires de Sa Majesté tous les renseignements les plus propres à traiter cette affaire (importante pour le voisinage) avec connaissance de cause, et à les faire insister sur la nécessité d'un arrangement convenable, auquel il faudra bien dès lors que tous les partis dans les Grisons se soumettent.

Les affaires de l'abbé de St-Gall paraissent prendre une tournure très fâcheuse; non seulement il avait refusé de ratifier les choses dont il était convenu lui-même avec les cantons, et non seulement il avait mis en avant la nécessité du consentement de son seigneur suzerain (de Sa Majesté), mais il avait écrit sous le 2 juillet aux médiateurs que des propositions lui avaient été faites de la part de notre cour, il fit insinuer visiblement qu'il pouvait compter sur l'assistance armée de Sa Majesté et sur tous les moyens les plus forts qui seraient dans le pouvoir de notre auguste monarque, pour forcer les Suisses d'en venir à ses volontés. Cette déclaration effaroucha beaucoup ceux qui y crurent, mais il y eut des cantons qui la prirent pour un abus audacieux que cet abbé se permettait du nom imposant de l'auguste cour pour parvenir à ses fins. L'abbé de St-Gall a bien le titre d'un prince de l'empire, mais il ne le reçoit véritablement en tout que des seigneuries situées en empire (dont dans ces démêlés il n'est pas question) et de la juridiction criminelle du village de Tablat (dont il n'est pas non plus question dans ce moment); d'ailleurs ses pays situés en Suisse sont compris dans cette exemption de l'empire qui a été déclarée en faveur de la Suisse par la paix de Westphalie. Toute cette matière a été traitée au long en 1712 sequentibus à la diète de l'empire, et il y a là-dessus des mémoires imprimés qui l'ont parfaitement mis en évidence. Or on craignait non seulement la renaissance des disputes de 1712, mais principalement que ses discussions ne donassent occasion aux Français de se mêler des affaires de la Suisse. Dès que Sa Majesté aurait pris fait et cause pour ce prélat, ses sujets et quelques-uns des cantons n'auraient pas manqué de réclamer l'intervention des Français, même comme gardiens de la paix de Westphalie.

Pour moi j'avoue que, quoique je désire extrêmement de voir augmenter l'influence de notre cour sur ce pays, cependant cette affaire me semblerait plus propre à ranimer d'anciennes jalousies et d'aliéner même les cantons bien pensants qu'à produire du bien. Ainsi je n'ai nullement été fâché de voir le dénouement suivant : le chapitre voyant les cantons très-offensés et les démagogues charmés de ce prétexte pour charger le prélat de la haine de tous les partis, prit sur lui de ratifier pour sa part la convention des médiateurs. Le prince abbé, a cette nouvelle, craignant peut-être des extrémités très-fâcheuses pour lui (car on ne lui a pas encore porté l'hommage, il eût été possible de la déposer ou du moins de lui ôter l'administration temporelle) se hâta de souscrire aussi. Sur cela le peuple s'assembla en divers endroits, et, autant que j'ai su jusqu'ici, il a accepté la convention. De sorte que ces querelles sont terminées à l'exception des griefs du Toggenburg dont l'examen a été entrepris dans le courant de cette semaine.

Le plan d'une levée de 15,000 hommes pour la Prusse, dont j'ai fait mention dans mon humble rapport de Zurich, est l'ouvrage du fameux colonel Pellet, qui le fait pousser par ces officiers, sortis des services de France et de Hollande, dans les cantons protestants.

Cela me rappelle une conversation intéressante avec le prince abbé de Notre-Dame des Ermites. J'ai été exprès visiter son monastère à cause de la grande influence qu'il a sur toute la Suisse catholique, le Tyrol et les départements de la France, qui avoisinent la Suisse. Le pèlerinage qui n'était plus depuis quelque temps que de 40 à 50,000 âmes par an, a augmenté du double cette année-ci. Des communautés entières du Tyrol sont venues s'acquitter des vœux qu'elles avaient faits au moment du Landsturm. Il y a eu tant de Français, et les pères de Notre-Dame leur ont si bien parlé au confessional que le gouvernement en France y est devenu attentif ; le couvent a été plus d'une fois menacé. L'abbé et ses pères sont on ne peut plus devoués à Sa Majesté. J'ai cru devoir dire au prélat toute sorte de choses obligeantes à cet egard, et il m'a prié de son côté de parler de son monastère à Votre Excellence.

Entre autres choses dont il m'a parlé, il a surtout fait mention de la surabondance de population qu'il y avait en Suisse actuellement, et il croit que ce serait une chose aussi aisée qu'utile pour le service de Sa Majesté, si elle voulait lever quelques régiments suisses. Il m'a fait remarquer, combien cela lui attacherait toutes les bonnes maisons qui ont le gouvernement des divers cantons, et qu'elle aurait un corps de troupes dont la fidélité ainsi que la bravoure seraient à toute épreuve. Les Suisses aimeraient ce service à cause de la langue et par rapport à la gloire de loyauté que notre cour a acquise par dessus toutes les autres puissances, par sa constance à tenir les engagements contractés. Votre Excellence trouvera peut-être Elle-même que des troupes uniquement dévouées à Sa Majesté, dont les officiers commandants ne seraient pas influencés de cet esprit de parti qui a fait tant de mal dans nos armées, qui seraient isolées et qui auraient à soutenir la réputation qu'elles se sont faites ailleurs, ne seraient pas à dédaigner.

Je n'ai pas reçu des ordres de Votre Excellence, mais j'en ai laissé à Schaffhouse pour me faire parvenir incessamment partout où je serai ceux qu'il pourrait Lui plaire de m'adresser.

6.
Bericht vom 2. September 1797.

Si depuis une dixaine de jours je n'ai pas pris la liberté d'adresser quelque rapport à Votre Excellence, c'est que le détail des affaires qui concernent l'intérieur de la Suisse et l'état des cantons, ne m'a pas paru pouvoir Lui être bien intéressant, et que je La savais instruite d'autre part de tout ce qui concerne la France. C'est pour cela même que je Lui épargne toutes les notices que j'ai recueillies sur la trève forcée qui a succédé à l'apparente crise entre le triumvirat dans le directoire et le corps législatif. Votre Excellence sait déjà que la crainte du retour du terrorisme, de l'établissement d'un despotisme militaire et d'une guerre civile des départements contre la capitale a contenu le directoire, et que le corps législatif a trouvé bon de ne pas le pousser à bout, qu'enfin les provinces se sont assez bien prononcées; on a renvoyé au général Berthier les représentations de l'armée d'Italie qu'il leur avait fait parvenir.

Un des principaux objets qui me font prendre la liberté d'écrire à Votre Excellence, concerne le mémoire que j'avais engagé Mallet du Pan à rédiger sur les vrais obstacles de la paix. Son correspondant à Paris a suspendu l'impression, « parceque la paix était convenue sans être signée ». Cette opinion était générale à Paris vers le 24 août, et l'on faisait à la Réveillière le Paux le mérite d'avoir fait rentrer les négociations dans les termes des préliminaires. Il est vrai qu'il eût été absurde de faire partir cette dissertation le jour même où peut-être on crierait la paix dans les rues de Paris. Ces articles de circonstance, lorsqu'ils portent à faux, sont nuisibles à la bonne cause. De l'autre côté, j'ai vu une lettre d'un seigneur de la cour de Turin, qui affirme bien positivement sous le 25 août que les négociations ont été rompues, et que même le roi de Sardaigne a été sommé par les Français de donner les 10,000 hommes convenus. Dans la profonde ignorance où nous sommes du vrai de la chose, nous ne savons pas, Mallet et moi, s'il faut tenir tel langage ou un autre, ou se taire tout.

à fait, parti auquel en attendant la nécessité nous réduit. Votre Excellence peut être bien convaincu qu'au moindre signe qu'elle daignerait nous donner, ou travaillera avec zèle dans l'esprit du système que la cour aura trouvé convenable d'adopter.

Il y a un autre point qui tient au premier. Il a paru à Paris deux pièces sanglantes, en réponse à celle que Mallet avait faite sur Venise. Notre cour y est extrêmement maltraitée. En général les révolutionnaires qui haïssent les rois, se réunissent aux antirévolutionnaires qui souhaitent la conservation de l'état présent de l'Europe, pour répandre l'idée qu'il n'y a pas plus de probité dans les cours que dans les républiques jacobines, et ils font rejaillir fort haut que le monarque dont on exaltait le plus la loyauté, recevait des mains des brigands les dépouilles d'un voisin paisible, contre lequel il n'avait aucun grief essentiel. Votre Excellence ne saurait se représenter assez, quel effet cela produit sur l'opinion publique, qui d'ailleurs était très favorable à la cour. J'entends faire là-dessus aussi dans ce pays les réflexions les plus sanglantes. J'y réponds comme je puis, et jusqu'ici j'ai du moins réussi à faire suspendre leur jugement aux hommes les plus raisonnables et honnêtes. Mais, comme Votre Excellence sait mieux que personne qu'il n'a jamais été indifférent à une cour quelconque de jouir d'une sorte de confiance politique, j'ose espérer qu'en tout cas Elle voudrait nous donner un indice quelconque de la nature de cette affaire, qui fait tant de bruit. Car si Sa Majesté a dû consentir au bouleversement total de Venise et au partage final de ses provinces, je connais trop les principes de probité qui sont reçus à notre cour, pour n'être pas certain qu'elle y a été forcée par des circonstances imposantes qu'on pourrait (du moins par des écrits anonymes) faire entrevoir au public. Si Sa Majesté au contraire ne s'est pas prêtée aux engagements que d'autres proposaient peut-être, et surtout s'il est vrai que la guerre recommence, il est bien certain qu'un exposé des maximes qu'elle a suivies dans les négociations à cet égard, ferait le plus grand effet et achèverait de consolider la réputation de notre loyauté, en noircissant, comme ils le méritent, nos ennemis.

Le troisième article sur lequel j'ose m'adresser à Votre Excellence aujourd'hui, est relatif à une chose, regardée peut-être comme étrangère à Son département, mais qui ne l'est pas par l'influence qu'elle a sur le crédit de la cour. J'ai sondé plusieurs riches particuliers sur l'emploi qu'ils faisaient de leurs fonds, afin que, si jamais la cour me chargeait de lui en trouver, je sache à qui m'adresser. J'ai très bien vu qu'il n'y a pas de pays où l'on fût plus disposé d'en placer qu'en Autriche, et que l'on a des bases de la puissance et des ressources de la monarchie une idée aussi haute que juste ; tellement que s'il le fallait, je croirais bien pouvoir porter beaucoup de particuliers à nous prêter des sommes considérables. Il n'y aurait qu'un seul obstacle à la réussite d'un pareil projet, si la cour croyait l'adopter, c'est l'extrême inexactitude du payement des intérêts, chose qui ne peut qu'être infiniment désagréable à des particuliers qui ont mis la plus grande partie de leur fortune dans nos fonds. Je ne parle pas des sommes qui ont été versées dans les emprunts ouverts à Bruxelles, parce que apparemment la cession de la Belgique prendra quelque autre état des choses à cet égard (ce qui au reste affecterait toujours bien des particuliers qui n'ont pas cru prêter leur argent aux états belgiques, mais à Sa Majesté); on est plus frappé de ne pas recevoir l'intérêt des argents qui ont été prêtés par la voie de Livourne, quoique cette place ne soit plus depuis longtemps entre les mains des Français. C'est là-dessus que j'ai entendu les plaintes les plus amères. Enfin on se lamente de ce qu'à Vienne même les intérêts qu'on était accoutumé de recevoir bien régulièrement, ont manqué depuis deux mois; l'on croit qu'il pourrait y avoir en ceci quelque agiotage que certaines personnes pourraient avoir détourné des argents de leur vraie destination, pour les faire valoir en attendant. Je suis bien sûr que Votre Excellence n'est pas indifférente sur le crédit de la cour; si Elle me le permet, j'éplucherai un peu mieux cette affaire, et je Lui en ferai parvenir les détails précis.

Le terme du congé que Sa Majesté m'a très gracieusement accordé s'approche; comme je suis entré en Suisse le 22 juillet, je dois en sortir le 22 septembre, à moins que Votre Excellence n'estime que je puisse y être de quelque utilité. J'attendrai là-dessus ses ordres, et, si je n'en reçois pas, je partirai le 22 ou le 23 pour être de retour, aussitôt que possible, par le chemin le plus court.

La république de Berne paraît intentionnée d'envoyer un député à Vienne et un autre à Paris, pour traiter des objets qui l'intéressent et la Suisse dans l'occasion de la paix générale. Je remets au temps du départ de ces députés d'informer Votre Excellence plus particulièrement de la nature de leurs propositions. Elles ont en général pour objet les terres de l'évêque de Bâle, situées en Suisse et sur ses confins, la fixation du sort de Genève et l'inclusion de la Suisse et de ses alliés dans le traité général.

Je n'ai pas perdu de vue l'objet des colonistes qu'on disait que la cour pourrait tirer de la Suisse pour la Gallicie ou d'autres pays épuisés ou peu peuplés de la monarchie. Comme on s'occupe dans ce moment même de l'emploi qu'on pourrait faire du surcroît de population que la cessation des services étrangers donne à la Suisse, je pourrais en peu de semaines (ou notre légation à Bâle, si je reviens à Vienne plus tôt) être en état de présenter à Votre Excellence un plan à cet égard. Il faudra saisir le moment, parce que la Prusse a l'œil sur le même objet, afin de faire prospérer les colonies que Frédéric II à établies dans la Silésie et autres terres de sa domination, et qui n'ont pas toutes également réussi. Je suis persuadé que les gens de ce pays-ci préféreraient des pays sous la domination autrichienne, pour peu qu'on leur présente un tableau avantageux du sort qui les y attendrait.

7.
Thugut an Müller.

Wohlgeborner, insonders geehrtester Herr Hofrath!

Auf meinen Vortrag haben Se. Majestät Euer Wohlgeboren den erhaltenen Urlaub nach Dero mir zu erkennen gegebenem Wunsch noch auf zwei Monate zu verlängern geruhet, damit Dieselben Ihre Geschäfte mit mehr Gemächlichkeit besorgen können.

Die sehr interessanten Schreiben Eurer Wohlgeb. sind mir richtig zugekommen, und ich behalte mir vor, bei der ersten freien Zeit E. W. hierüber einige Bemerkungen mitzutheilen.

Ich verharre mit vorzüglicher Achtung
E. W. ergebener Diener
Wien, den 9. September 1797.   Baron von Thugut.[1])

8.[2])

Monsieur le baron!

Je n'ai point écrit à Votre Excellence au sujet de la grande nouvelle de Paris, parce que nous n'avons pas eu d'autres détails que ceux qu'Elle aura reçus aussi vite que ma lettre aurait pu aller. La plupart des correspondances avec des gens équitables sont actuellement déroutées; tous les journaux anti-jacobins ont cessé. La consternation ici et, ce qu'il paraît, partout en Suisse est extrême: c'est comme si l'on voyait l'ennemi aux portes. En ce moment se développent les sentiments secrets de beaucoup de gens, et l'on voit bien que le nombre de ceux qui sont effrayés, est plus grand que celui des hommes fermes qui s'attendent à tout sans

---

[1]) Eigenhändige Unterschrift.
[2]) Müller schreibt oben an die Copie dieses Briefes: « J'ai changé diverses choses, pour ne pas donner l'idée, comme si en Suisse on avait absolument peur. On m'a donné des renseignements contraires. »

émotion. Ce n'est pas à dire que le peuple, sur les armes duquel repose la sûreté des gouvernements helvétiques, soit également intimidé ; jusqu'ici il se montre bien presque partout. Mais les gouvernements eux-mêmes ont grand besoin de confortatifs. Il est à craindre que, quelque chose que la France pût vouloir leur demander, il n'y en eût beaucoup pour tout accorder. La première chose sur laquelle se porte naturellement l'inquiétude politique, est s'il y aura guerre ou paix. Dans l'un et l'autre cas, les gens bien pensants désirent beaucoup qu'il y ait en Suisse quelqu'un de la part de notre cour qui dise un mot à l'oreille des chefs, pour empêcher qu'on n'aille trop loin dans les complaisances que la France pourrait exiger. Car, véritablement, il n'y a au monde que Sa Majesté dont les sentiments magnanimes et les armes puissent inspirer à tous ses petits états un espoir raisonnable de se conserver encore.

Votre Excellence aura vu par mon rapport de Thun que je comptais revenir précisément au terme de deux mois pour lesquels Elle m'avait fait la grâce d'obtenir un congé. Considérant à présent qu'il n'y a pas de ministre impérial actuellement en Suisse, et qu'il pourrait cependant être bien intéressant de connaître les premières démarches et le nouveau ton du gouvernement actuel de la France vis-à-vis des cantons, j'ose espérer que Votre Excellence ne désapprouvera pas tout à fait que je diffère de cinq ou six jours seulement (du 23 au 28 ou 29 sept.) mon départ, afin de voir encore s'il se passe quelque chose, et afin d'avoir le temps de recevoir encore quelque ordre de Votre Excellence, si Elle voulait que je reste peut-être en Suisse jusqu'au retour de M. le baron de Degelmann ou la nomination de quelque autre ministre de Sa Majesté pour ces pays. Si c'est une faute que je fais, sa durée sera toujours bien courte, et j'ose compter sur la bonté de Votre Excellence quant au pardon dont je pourrais avoir besoin. La cour, toutefois, ne sera jamais compromise par là, puisque je ne me suis jamais donné dans ce pays que pour ce que je suis, et avec tant de franchise que personne en effet ne m'a soupçonné de la moindre mission secrète.

J'ai l'honneur etc.

Berne ce 13 sept. 1797.   J. de Muller.

P. S. 1) J'ai éclairci le sujet des plaintes sur les payements des intérêts retardés, qui paraissaient affecter le crédit de la cour. Il paraît qu'il y a eu de la manigance de banquiers agioteurs dans le retard des intérêts de fonds prêtés à la banque ; les créanciers de ceux qui ont été versés dans les emprunts de Livourne, n'ont pas à se plaindre, puisqu'il est dit dans l'obligation même qui leur a été délivrée, que ces payements pourraient être suspendus pour quelque temps pendant la guerre.

2) Au sujet du passage par le Valais demandé par Bonaparte et refusé par les Suisses, ce général a dit à M. Wurstemberger, représentant de Berne : « Je ne m'attendais point à ce refus. Si j'avais demandé pareille chose à quelque roi, il y eût pensé deux fois avant de la refuser ; Votre petite Suisse l'a fait ; eh bien, je l'en estime d'avantage. »
Ut in litteris. J. d. M.

9.
Bericht vom 23. September 1797.

J'ai reçu avec infiniment de reconnaissance la lettre par laquelle Votre Excellence me fait part, sous le 9 septembre, de la très gracieuse permission que Sa Majesté m'a accordée sur son rapport d'une prolongation de mon séjour en Suisse. J'en profiterai, me rapelant toujours que chaque bienfait m'impose une obligation nouvelle de mériter la continuation de la bienveillance de Votre Excellence, qu'on ne peut acquérir ni conserver que par une seule voie, par le zèle à faire son devoir. Je m'y sens puissamment encouragé par l'approbation que Votre Excellence a daigné témoigner de mes très humbles rapports, qui ne sauront avoir aucune autre prétention que de manifester à Votre Excellence le désir constant et la meilleure volonté que j'ai de contribuer au succès de toutes ses vues, également salutaires pour l'état et l'humanité et propres à élever la gloire et à fortifier la puissance de notre auguste monarque.

En France, autant que je sais par les lettres de Paris et celles de l'Alsace, de Lorraine, de Lyon et de Bourgogne, la consternation est pour le moins aussi grande que du temps de Robespierre. On est, il est vrai, révolté de l'audace du directoire d'aller droit contre l'opinion publique et le vœu général ; mais on est encore plus effrayé et intimidé de l'énergie que ce coup suppose, et l'on ne voit rien dans la morale ni dans la raison qui puisse arrêter les passions de ces gens qui se permettent tout, et exécutent toutes leurs volontés avec une promptitude et une violence dont on n'avait pas d'idée ; on les craint, pour me servir d'une expression basse, mais exacte, on les craint comme le diable.

La véritable cause qui a fait manquer la grande affaire, n'est pas encore bien connue. Ce n'était pas cette fois le manque d'argent ni d'armes ; l'Angleterre avait prodigué des crédits presque sans bornes, avec les 200,000 sterlings dont on pouvait disposer à tout moment, il semble qu'on eût dû et pu gagner assez de monde pour contrebalancer Augereau, et pour priver le parti opposé de ses chefs les plus redoutables. Il paraît qu'il y avait trop de monde dans le secret, et qu'on n'avait pas apporté la précaution nécessaire au choix des confidents. Quinze jours auparavant, on a su que Carnot ne voulait coopérer à la ruine des trois directeurs à moins qu'on ne lui abandonnât entièrement le choix de leurs successeurs. Les indiscrétions de M. d'Antraigues, dont j'ai fait mention dans un de mes précédents rapports, ont été à un point inconvenable; il n'a pas craint de conserver au milieu d'armées ennemies et de surveillants sans nombre les lettres du roi et du prince de Condé. Le comte de Montgaillard a été si imprudent que sa bonne foi paraît équivoque à bien des personnes. En général, on a trop délibéré, trop parlé, trop tardé; on n'a pas voulu assez fortement, parce que les uns ne savaient pas bien ce qu'ils voulaient, et les autres craignaient trop de le dire. Plusieurs députés, condamnés à la déportation, se sont échappés; il y en a qui sont venus en Suisse, quoique Berne ait cru devoir dans ce moment renouveler les décrets contre les émigrés dont le refluement vers les terres de cette république pourrait la compromettre. Celui dont le sort paraît le plus intéressant et jusqu'ici le plus incertain, est Carnot; les uns racontent la scène tout-à-fait dramatique de Barras, en lui enfonçant (!) le poignard au moment où il refusa de signer l'ordre de la déportation de ses amis, d'autres veulent l'avoir vu à Soleure, d'autres espèrent le voir reparaître dans l'armée de Sambre et Meuse, où on lui croit beaucoup d'amis. Certainement son existence serait d'autant plus importante que la nullité des ennemis du directoire ne vient proprement que du manque absolu de chefs, hommes de tête et de courage. C'est là la raison de ses succès, de cette sécurité, avec laquelle le directoire s'abandonne à la poursuite de la guerre étrangère, sans rien craindre jusqu'ici dans l'intérieur. Tant qu'il n'y aura pas de guerre civile, il permettra sans doute à Hoche d'assouvir son avarice aux dépens de la Belgique et à Bonaparte de suivre le projet de révolutionner le sud.

C'est là aussi ce qui augmente les appréhensions des Suisses. Bacher, il est vrai, continue dans sa correspondance à se maintenir dans la bonne volonté; il n'y a de changé que le ton qui derechef est plus exalté. Mais on craint incessamment que La Croix ou un autre homme violent ne soit envoyé dans ces pays, avec des instructions analogues à l'esprit de ceux qui se sont emparés du pouvoir. Auparavant Montesquieu était pour ainsi dire nommé; car par une sorte d'accord il avait donné à ses amis l'avis de porter Barthélemy au directoire, et Barthélemy avait promis de lui faire avoir l'ambassade de la Suisse; maintenant Montesquieu est rentré à la campagne où il cherche la sûreté dans l'oubli; il a même prié ses amis de ne pas lui adresser de lettres. La première entreprise du directoire pourrait bien avoir pour objet la république de Berne. Il existe à Paris un colonel la Harpe, autrefois instructeur des jeunes grands-ducs de Russie, dans ce même temps et depuis (son séjour à) Pétersbourg l'auteur des troubles du pays de Vaud, puis retiré en France, exclu par le gouvernement de Berne de l'amnistie qu'ils ont accordée aux ennemis moins dangereux du repos de leur pays. Cet homme a composé depuis peu quelques ouvrages, dans l'un desquels il tâche de prouver que la Suisse, et surtout Berne, a violé plus d'une fois les obligations de la neutralité, et dans l'autre que la France est en droit de se ressentir que les Bernois ont violé la constitution ancienne du pays de Vaud, et que la garantie des droits du peuple de cette contrée appartient à la France. J'ai lu une partie de ces ouvrages. Les reproches qu'il fait aux Suisses concernant la neutralité, sont tels que nous pourrions fort aisément en former de pareils; dans le fait aucun gouvernement helvétique n'a manqué à la neutralité de propos délibéré; mais les particuliers ont suivi dans des cas particuliers leurs diverses affections plus quelquefois qu'ils ne l'eussent osé sous des régences plus énergiques. Quant à la constitution du pays de Vaud, il est vrai que les Bernois n'ont pas laissé subsister celle qu'il avait avant eux, mais que depuis qu'ils le possèdent, le pays a fait les plus grands progrès dans tous les genres. Quoi qu'il en soit, on n'appréhendait pas le colonel la Harpe, durant l'influence de Barthélemy. Depuis sa chute, ce révolutionnaire écrit à ses amis dans le pays de Vaud d'une manière triomphante, leur promettant de les revoir bientôt sur le Léman, quoique sans amnistie, puisque, dit-il, le temps est venu de punir les fiers Bernois; on ne peut plus laisser subsister de pareils vétilleries.

Il n'y a certainement rien de plus pressé pour les Suisses que de calmer les dissensions dans l'intérieur, pour opposer à la puissance des Français une force parfaitement réunie. Elle l'est dans la plupart des cantons, et si elle l'était partout, on pourrait compter sur des succès; malheureusement il y a toujours beaucoup de fermentation dans le pays de Zurich; les sujets de l'abbé de St-Gall dans le Toggenbourg exigent des déclarations de franchises que ce prélat ne croit pas pouvoir accorder, et dans le pays de Vaud les municipalités des petites villes, les avocats et les ministres protestants contrebalancent par leur mauvaise volonté les bonnes dispositions des campagnards. Je fais tout ce que je puis pour représenter aux chefs des gouvernements helvétiques avec autant de force que possible la nécessité de s'arranger avec leurs sujets, pour décourager ceux qui compteraient sur leurs divisions, et pour ne pas être tous privés des moyens essentiels de défense en cas d'une attaque réelle. Les Grisons sont dans un tel état qu'on ne peut réellement plus les compter parmi les Etats associés au corps helvétique; ils prennent dans chaque huitaine des résolutions opposées qui font voir que la volonté des chefs ne serait pas mauvaise, mais qu'ils ont les mains forcées par les menaces de Comeyras et de ses adhérents. —

Mallet du Pan erre sur les bords du Rhin, ne sachant où se fixer avec sa femme et ses enfants, puisque, si la guerre recommençait, il ne serait pas sûr à Fribourg de n'être pas arrêté. Il parait vouloir chercher quelque emploi ou pension en Autriche. Votre Exellence ne croirait-Elle pas aussi qu'il serait bon de l'attacher à notre cour? Un homme qui a d'aussi beaux talents, et qui écrit si parfaitement la langue commune des nations policées, mériterait autant que sous Léopold le baron l'Isola, d'être à la disposition continuelle de Sa Majesté. Il est évident que, soit que la guerre continue ou qu'elle finisse, nous serons sans cesse en rapport avec les Français, et que leurs raisonnements politiques ne sauraient être mieux tournés en ridicule et montrés dans leur nudité que par un homme comme lui.

10.
Soleure, 4 oct. 1797.

Monsieur le baron! Monsieur de Greifenegg aura mandé à Votre Excellence ce qu'on savait à Bâle des grands préparatifs qui se font dans l'Alsace, et du rétablissement du pont de bâteaux de Huningue. Il n'aura pas oublié d'ajouter que le directoire, par le payement des arrérages de la solde (objet pour lequel ses adversaires bien mal habilement avaient négligé de montrer de l'intérêt), a réchauffé le zèle de l'armée, et qu'Augereau est nommé à la place de Moreau pour commander celle du Haut-Rhin. On ne sait encore rien de détaillé sur les mouvements qui se font près de Lyon et à Marseille contre les directeurs. Les milliers d'émigrés qui arrivent tous les jours, auraient sans doute mieux fait de grossir ces rassemblements. Dénués d'argent, dont on les dépouille sur la frontière, ils errent sans savoir où se rendre; les gouvernements suisses ne leur accordent que 24 heures ou tout au plus trois jours de demeure; les princes allemands exercent à leur égard une police non moins sévère. Cela les oblige de se glisser dans des endroits écartés, où ils vivent, à la fois aigris contre les gouvernements et soustraits à leur vigilance.

On assure positivement que Carnot est à Lausanne.

Je réclame l'indulgence de Votre Excellence pour les deux articles qui suivent. Je n'aurais jamais osé L'en entretenir, sans la confiance sans bornes que j'ai et dans Sa manière de penser et en sa bienveillance pour moi, et sans la conscience intime que j'ai de la pureté de mes intentions.

Des amis et des ennemis de la cour m'avaient rendu attentif sur l'état de la légation impériale à Bâle. Dans la gazette de Strasbourg on rapporte comme une preuve évidente de l'indifférence (Geringschätzung) de Sa Majesté pour la confédération helvétique, de faire gérer les affaires en Suisse, depuis plusieurs mois, par un polisson de vingt ans, auquel dans une de ses orgies on avait offert des coups de bâton, et qui s'amusait à chanter le ça-ira. Des magistrats helvétiques m'avaient parlé à ce sujet avec une amertume qui faisait bien voir que cet abandon n'était pas seulement regardé comme un mauvais compliment pour la nation, mais comme une démonstration publique très dangereuse pour eux dans leurs rapports avec la France, comme quoi la cour impériale ne prend aucun intérêt au sort de la Suisse, au moment même où le renouvellement de la guerre va reproduire la complication d'intérêts dont on a eu tant de peine à se tirer précédemment. Arrivé à Bâle, je suis allé voir Mr. de Greifenegg. J'ai trouvé ce qu'on m'avait dit, et le récit de Strasbourg est en deçà et au delà du vrai. Il est certain, qu'il n'y a jamais eu de légation plus mal arrangée; je risquerais moi-même de blesser la décence par une description trop fidèle. D'un côté il suffira de dire que cette multitude d'hommes de tout rang qui ont à chercher des passeports, trouvent la légation impériale dans une chambre qui ressemble à un pigeonnier ou à un grenier bien mieux qu'à toute autre chose, et (comme vient de l'observer un seigneur français) les armes de Sa Majesté attachées tout près des fagots. De l'autre côté j'ai trouvé fausses la plupart des choses, reprochées à Greifenegg dans la gazette de Strasbourg; il est plein de zèle pour bien faire, assez intelligent pour être formé à tout ce qu'il doit être, attentif, circonspect, tel enfin que, si j'étais ministre en Suisse, je ne désirerais jamais un autre secrétaire de légation. Il est vrai, qu'à vingt cinq ans la nature lui a laissé l'air d'un garçon de dix-sept, et qu'il est tout-à-fait dénué de ce qu'il faut pour la représentation. Aussi dans un des pays les plus chers de l'Europe, le bon Greifenegg n'a, en tout, par mois que cinq à six louis: le galetas où il loge avec les archives, lui en coute 1½ par mois, sa table un petit écu par jour, son domestique un louis par mois; il n'eût pu suffire même aux nécessités de la vie sans contracter quelques petites dettes, et il n'est pas encore habillé, et il n'a pas le sol pour la moindre dépense extraordinaire. Nos ennemis profitent de ces choses pour jeter du ridicule sur la légation et même sur la cour; nos amis en gémissent; M. Wickham m'en a parlé avec chagrin;. les chefs des cantons voient leurs correspondances avec la légation impériale interrompues; cela dans un temps où le renouvellement de la guerre rend plus important que jamais que nous ayons à Bâle un ministre qui ait du crédit personnel et qui soit aimé de la nation.

Je ne saurais que souhaiter qu'il puisse plaire à Votre Excellence d'y renvoyer au plutôt possible M. de Degelmann. Si sa santé ou quelque autre destination ne le permettait pas, je prendrais la liberté de proposer à Votre Excellence de me fixer à Bâle ad interim. Si pour le temps que j'y passerais, Sa Majesté ajoutait a mes appointements les 250 florins par mois qu'on donne aux chargés d'affaires dans l'absence des ministres, j'y prendrais un appartement décent, je donnerais logement et table à Greifenegg, et la Suisse et la France verraient que Sa Majesté continue de prendre intérêt à ces pays. Les nombreuses connaissances que j'y ai, me mettraient à même de faire parvenir à Votre Excellence des notions peut-être quelquefois intéressantes. Ce n'est pas de ce qu'on appelle communément une grâce dont il s'agit ici ; au moyen de nos arrhes et de nos contributions militaires je n'aurais en tout que près de cinq mille florins, et comme il en faut six mille bien comptés pour remplir ce poste décemment, même ad interim, Votre Excellence voit que je ne m'enrichirais pas : mais la grâce consiste à être dans le cas de rendre quelque service utile ; et c'est celle-ci que je demande à Votre Excellence avec empressement de daigner m'obtenir de Sa Majesté, en cette occasion ou en d'autres.

Les sujets de Sa Majesté dans les pays que j'ai parcourrus en me rendant en Suisse, les Suisses les mieux intentionnés, des étrangers qui ont eu occassion de voir nos armées, et même quelques officiers m'avaient fait des tableaux de la conduite et de la façon de penser de nos officiers dont j'aurais parlé à Votre Excellence depuis longtemps, si je ne répugnais à rapporter des choses désagréables, et si je n'avais cru un peu à la possibilité d'une paix qui aurait donné le loisir d'y pourvoir. Je crois enfin de mon devoir de dire que tout ce que j'avais appris. m'a été confirmé en ces derniers jours, moins par des témoins que par ce que moi-même j'ai vu et entendu. Je n'ai trouvé aux officiers que j'ai rencontrés que de l'aversion pour la guerre, que l'inclination d'excuser l'ennemi et de trouver naturel, nécessaire et même louable ce qu'il fait, beaucoup de zèle pour leurs propres amusements et leur intérêt particulier, aucune trace de quelque zèle pour le service. J'ai été informé de la continuation de cet infâme trafic qu'ils font de leurs chevaux, qu'ils mènent à Schaffhouse pour s'en retourner avec d'autres de la poste ; ce qui a engagé le canton de Schaffhouse, de crainte de paraître impliqué dans de telles choses, de défendre sous peine de confiscation et d'une amende de 300 florins l'achat d'aucun cheval venant de Souabe, dont la vente ne soit autorisée par un billet de quelque autorité constituée (Behörde). Nos soldats parlent ouvertement de la corruption de leurs officiers, et j'ai su que les apologistes de ceux-ci rejettent sur la mendicité de la solde et la cherté des vivres l'usage de moyens qu'on ne saurait vraiment excuser. J'ai été véritablement affligé, en comparant à de pareilles gens le langage et la conduite des officiers républicains français que j'ai rencontrés dans les auberges ; ceux-ci ne parlaient que de la guerre et avec amour et courage ; quand il était question des choses atroces que le directoire avait faits il n'y avait qu'un langage : cela ne nous regarde pas ; le directoire doit savoir ce qu'il fait et pourquoi ; nous nous bornons aux armes. Généralement en les voyant et en les comparant, on n'avait pas besoin de chercher plus loin la cause de nos revers. Souvent j'ai réfléchi s'il n'y aurait donc aucun moyen de redresser un inconvénient aussi majeur. Votre Excellence ne croirait-Elle pas convenable au renouvellement de la guerre qu'il soit donné une nouvelle tension aux deux grands ressorts qui meuvent les hommes : l'espérance et crainte? Une proclamation, rédigée avec précision, la graverait dans la mémoire, et avec une énergie qui peut émouvoir le sentiment, qui ouvrirait au mérite la perspective d'aisance indépendante, même de l'avancement, qui frapperait de terreur les âmes viles et basses, incapables de tout autre sentiment, dont les dispositions fussent rigoureusement exécutées sans la moindre distinction de rang et sans le moindre égard pour des circonstances étrangères, et qui serait lue à la parole avec une sorte de solennité une fois par mois ; ne pourrait-elle pas y servir ?

Je crains trop abuser de la patience de Votre Excellence, pour entrer dans le détail des nombreuses idées qui me sont venues à cet égard ; même je n'aurais jamais osé Lui en faire mention, si je ne savais à quel point Elle-même est sensiblement affectée de tout ce qui menace le succès des armes de Sa Majesté, dont le sort de toute l'Europe dépend aujourd'hui absolument.

11.
Altdorf, 12. October 1797.

Depuis Thoune d'où j'ai eu la dernière fois l'honneur de faire un très humble rapport à Votre Excellence, j'ai fait une excursion dans les démocraties d'Unterwalden et d'Uri, la vraie ancienne Suisse, dont il m'a paru important de connaitre la manière de penser, parceque c'est de ces cantons qu'ont souvent procédé les grands mouvements, et sans eux il ne s'est jamais rien fait d'essentiel dans les guerres des Suisses. J'ai été récompensé de la peine que je m'étais donnée, par le plaisir que j'ai eu de trouver dans ce pays un esprit excellent ; le bon sens et la droiture caractéristiques de ces cantons n'ont pas laissé accès aux illusions des révolutionnaires, dont la cause et dans son principe et dans la façon dont elle fut conduite, n'avait en effet pas le moindre rapport avec le vrai esprit de la confédération helvétique. D'ailleurs on était accoutumé au service des rois de France et à un commerce paisible avec la Lombardie autrichienne ; avec celui-là cessa la plus grande ressource des premières familles, celui-ci fort important pour les bergers des Alpes, reçut une foule d'entraves ; aussi on est tellement monté surtout à Uri qu'un bruit s'était un jour répandu de je ne sais quel voyage que Bonaparte voulut faire, en traversant ce canton, les chefs eurent les plus grandes inquiétudes, parceque les gens du pays comptaient lui faire un très mauvais parti. La même façon de voir domine dans la vallée Leventine et dans les bailliages ultramontains, qui, quoique mal gouvernés, ne s'en trouvent pas moins heureux, en comparaison des Cisalpiniens.

Ces derniers se donnent beaucoup de mouvement pour se mettre avec la Suisse dans des rapports d'amitié. Quand même ils ferment les passages et défendent l'exportation, c'est pour les rouvrir et pour accorder ce qu'on demande, d'une manière obligeante. Testi (ministre des relations extérieures chez eux) vient de notifier aux représentants suisses qui sont à Lugano, la résolution d'accréditer auprès du corps helvétique un ministre de la république cisalpine, et d'en fixer la demeure ordinaire à Bâle.

J'ai été assez surpris de trouver à Uri le professeur du premier régiment d'artillerie de France, qui avait été déporté, à la tête d'une école d'artillerie. Mr. de Charrière est un homme habile, qui en a donné des preuves publiques. Le canton l'a engagé pour dresser les jeunes officiers. De même à Berne l'Etat a pris à son service trois officiers d'artillerie français. Fribourg en a fait autant. Soloure a pris des officiers suisses qui avaient travaillé dans le génie à Strasbourg. Il y a de l'empressement dans ces cantons à mettre leur militaire et leur artillerie sur un pied respectable. Jusqu'ici l'arsenal de Berne excitait la merveille des voyageurs peu instruits, par l'abondance de toute sorte d'armes qu'il renferme. On a commencé à s'apercevoir de ce qui y manquait, et encore plus du mauvais état des autres arsenaux suisses. Ainsi on s'occupe de nouvelles fontes et de la refonte du nombre prodigieux de pièces qui ne seraient plus d'usage. On tâche à mieux combiner la solidité et la mobilité. On travaille surtout (quoique jusqu'ici avec trop peu de succès) à introduire dans tous les cantons l'uniformité du calibre. Là-dessus il y en a qui tiennent trop à leurs usages, d'autres enfin qui redoutent la dépense ; il faut d'ailleurs avouer que Berne ne donne pas à cet égard des modèles dignes d'imitation : les pièces qu'on y fabrique sont trop longues, le calibre de la plupart est de 16, 18, 20, ce que Votre Excellence jugera bien d'être trop fort pour un pays coupé et où il faut à tout moment tourner et retourner. Avec cela on ne peut nier que du moins on ne se réveille, et qu'il ne faut peut-être que quelques instances de plus pour faire prendre la vraie direction à ses efforts. Il n'y a que la façon de s'y prendre. Il faut traiter avec les Suisses l'histoire à la main. Quand un de leurs ingénieurs entendit parler la première fois des carronades (pièces dont le calibre est de 63), il en trouva l'idée monstrueuse ; quand on lui fit voir, avec quel succès les Anglais s'en étaient servis en tant de batailles sur mer dans la guerre d'Amérique, il comprit d'abord l'utilité dont une pareille pièce pourrait être et pour balayer les grands lacs de la Suisse, et même pour forcer l'ennemi d'ouvrir la tranchée le plus loin que possible de la première ville qu'il assiégerait en Suisse. A Uri on a également d'abord senti le grand usage dont seraient pour la défense des montagnes les canons rayés, si fort recommandés par Benjamin Robins. La nature du pays, la simplicité des mœurs, les forces physiques des montagnards, l'excellence du bois des Alpes, la bonté de la poudre qu'on fait dans le canton de Berne, toutes ces ciconstances favoriseraient beaucoup les Suisses, dès qu'ils voudront fortement reprendre ce rang honorable que leur nation avait jadis, au nombre des puissances militaires. Il est d'autant plus nécessaire de surveiller ce qui se passe chez eux, et de ne pas permettre que cette nation soit révolutionnée; le nouveau régime la rendrait bientôt formidable.

Ce qui a singulièrement contribué à maintenir un bon esprit dans des cantons même dont la constitution est des plus défectueuses, ce sont les prêtres catholiques. Il faut le dire ; c'est à eux que les gouvernements de ce pays doivent leur sûreté. Ceux-ci n'avaient non seulement rien fait pour captiver plus qu'autrefois l'affection de leur peuple, il y a même dans les familles principales assez de mauvaises têtes et de gens ruinés, qui chercheraient volontiers leur gloire dans des déclamations métaphyso-politiques et leurs ressources dans le bouleversement général. Le pèlerinage de Notre-Dame des Ermites et l'honnêteté de scurés est venu au secours de la patrie, malgré eux. Dans ces cantons il n'y a pas le moindre doute qu'en cas de besoin les chefs ne puissent compter parfaitement sur la meilleure volonté d'une si grande majorité du peuple que le petit nombre de gens remuants n'oseraient jamais lever la tête.

Que je voudrais m'être aperçu d'une pareille façon de penser chez nous! Pas que les soldats de Sa Majesté, dont j'ai eu occasion d'avoir des renseignements, ne soient parfaitement bons, mais ce que j'ai entendu tant moi-même qu'indirectement de nos officiers, n'est pas à beaucoup près ce qui serait à souhaiter ; point d'esprit de leur métier, une approbation scandaleuse des façons de faire de l'ennemi, un désir de la paix aussi peu analogue à leur état qu'absurde dans les circonstances, beaucoup d'empressement pour leurs amusements et pour leurs intérêts, aucun pour s'instruire des principes et de l'histoire de leur art. Il règne cette opinion commune (dont l'existence est déjà un grand mal) qu'il y a des gagnés. L'on cite des anecdotes qui, en effet, ne laissent que le choix entre la charge de la corruption ou celle d'une négligence et d'une ineptie toute aussi blâmables. Je sais que j'écris à Votre Excellence qui permet la franchise, quand l'amour du bien de l'Etat en est le principe ; cela m'encourage à Lui dire même mes idées, quelques défectueuses qu'elles soient. Il semble que si la guerre se renouvelle, il faudrait le règne de la terreur pour les âmes viles et basses qui sont incapables de sentiments plus rélevés. Il faudrait qu'il fût annoncé par une proclamation qu'on lirait à la parole avec quelque solennité au commencement de la campagne et tous les trois mois. Ceux qui se craindraient soupçonnés ou qui en général n'auraient pas le cœur à l'ouir, demanderaient peut-être leur retraite, et l'armée serait purifiée. Il vaudrait mieux élever à leurs grades des bas-officiers ou de simples soldats, distingués par leur actions. D'ailleurs Sa Majesté peut avoir, dès qu'Elle le voudra, des officiers qui ont fait preuve d'un vrai esprit militaire, d'une fidélité sans tache, et qui, n'ayant aucune liaison avec les factions de la capitale et des camps, ne seraient qu'à Elle et aux armes. Je parle d'un grand nombre d'officiers suisses, qui ont servi en France et en Hollande, avec honneur et distinction, et qui se contenteraient absolument de la même paye qu'ont les autres. Je me saurais fort d'en procurer à Sa Majesté des centaines. Je suis sûr de me rencontrer du moins en une chose avec la pensée de Votre Excellence: c'est que, si les ennemis veulent encore la guerre, il faut la leur faire bonne et forte et sans s'arrêter à des considérations secondaires quelconques, pas même à la dépense; il faudra vouloir la finir promptement et glorieusement; ce qui d'après tous les renseignements sera très possible; mais il faudra vouloir.

Comme on a remarqué la continuation de ce trafic des chevaux de nos officiers (qui venaient en Suisse avec les leurs, pour retourner, après les avoir vendus, avec des chevaux de poste), le gouvernement de Schaffhouse, craignant le soupçon de complicité, a défendu sous peine de confiscation et d'une amende de 300 florins d'acheter aucun cheval venant de Souabe, à moins que sa vente ne soit autorisée par le billet d'une autorité constituée.

J'ai eu occasion à Uri de m'informer des travaux de Meudon, dont on attendait une sorte de révolution dans l'artillerie. Il ne paraît pas qu'ils laient répondu à l'attente: on a simplifié quelques procédés, on a changé quelques méthodes (par exemple ils font la poudre à présent par ébulition; des chaudières ont été substituées aux mortiers), mais ces nouveautés sont généralement très dangereuses dans la pratique, et ne prendront que parmi des gens qui, après avoir proclamé les devoirs de l'homme et sa dignité, ne font pas le moindre cas de la vie de leurs semblables.

12.
Bericht vom 28. October 1797.

Le renouvellement de la guerre, annoncée par le directoire, n'avait rien de surprenant, après qu'on a su que la cause de l'arrestation du général Clarke a été la lettre que Carnot lui écrivait par exprès la veille de la grande scène, où il lui disait de signer la paix à tout prix. La seule circonstance qui pendant quelques jours suspendait les espérances et les craintes, étaient les choses de l'intérieur, qui n'est rien moins que tranquille. Le directoire s'était servi des jacobins comme auxiliaires, après la victoire, il voulait les replonger dans le néant. Benjamin Constant, Suisse, républicain forcé, homme d'esprit et de talents, dirige Barras et le pousse aux extrémités. (C'est ce même Constant qui avait conçu le plan, exécuté la nuit du 5—6; Rewbel et la Réveillière sont d'avis avec lui d'ajourner le corps législatif et d'établir un directoire militaire.) Eux, de l'autre côté, commirent des vexations inouïes dans les départements; les journaux excitent au pillage et au meurtre; ils ont un puissant parti dans les deux conseils et sont extrêmement opposés à l'idée de les ajourner et de confier au directoire la dictature. Le directoire n'osant pas armer les communes, parce qu'il est abhorré dans les provinces, paraissait ne pouvoir établir son despotisme qu'en rappelant les armées et en faisant la paix. Cependant on faisait bien réflexion aux risques qu'il courait, en s'abandonnant à la merci d'ambitieux généraux d'une soldatesque effrénée. Effectivement les journaux commencent à rendre suspect Bonaparte et Augereau. Il parait que finalement on a préféré la guerre étrangère, comme pouvant occuper les armées au dehors, comme pouvant attirer les jeunes gens que le directoire avait eu a redouter dans l'intérieur, comme pouvant autoriser des mesures révolutionnaires et distraire l'attention des maux de la patrie aux grands événements militaires. Il n'y a qu'une connaissance parfaite de l'intérieur qui puisse faire juger, si les gouvernements ont pris un parti bon pour eux ou s'ils ont trop hasardé. Jusqu'ici les avis s'accordent sur la possibilité d'un mouvement nouveau et très violent, nécessaire pour faire aller cette machine désordonnée, et sur l'observation que les opprimés reprennent quelque espoir. Je me donnerai tous les soins possibles pour en être bien instruit, et je continuerai pour cela de vivre avec des gens de tous les partis.

Il est vraisemblable que l'idée de révolutionner la Suisse a été ajournée; les jacobins de Genève sont de fort mauvaise humeur; ils s'étaient flattés que le temps des confiscations et des meurtres reparaîtrait; la dépense irrégulière ou plutôt le gaspillage qui s'est fait de tous les revenus publics dans cette ville, république jacobine, leur rendait le retour périodique de pareilles scènes nécessaire.

Toute la Suisse, en attendant les événements, se tient renfermée dans sa neutralité. Même les mécontents ont suspendu les effets de leur animosité contre les magistrats, mais si les armes les plus justes n'avaient pas la fortune que leur souhaitent tous les gens de bien, plus d'un canton serait menacé d'une explosion soudaine et destructive de sa constitution. De là il arrive que les gouvernements sont nécessairement autrichiens dans le cœur, mais comme c'est le peuple qui seul a des armes et de l'argent, leur bonne volonté est peu efficace, et tout ce qu'on peut faire en ce moment, est de nourrir l'idée de notre persévérance, de nos ressources, afin d'en imposer aux uns et de donner aux autres le courage de résister aux demandes et aux insinuations de nos ennemis, d'influer par des voyages et par des correspondances indirectes sur les départements les plus proches, enfin de voir et d'entendre ce qui se trame et ce qui se fait.

Je dois supposer Votre Excellence parfaitement instruite de l'état des Grisons, par les rapports de M. de Cronthal. Elle saura qu'il y existe trois partis, l'un qui a ses chefs, dans le pays des Grisons M. Gaudence Planta et dans la Valteline Don Diego Guiacciardi, et qui est proprement dans les secrets de Bonaparte et de Comeyras, et celui qui veut l'incorporation de la Valteline aux ligues grisonnes, dont ce pays ferait la quatrième. On pense que sa population lui donnerait un si grand nombre de votants que, joint au parti français chez les Grisons, il déciderait toutes les délibérations de la répulique au gré des alliés cisalpins et français qu'on veut lui donner. L'autre parti a l'archiprêtre Paravicini et M. Paribelli pour chefs et veut l'incorporation de la république cisalpine, mais cette faction a le moins d'adhérents et vient d'essuyer un rude échec d'un coup très habilement ménagé par Don Diego. Il y avait une grande sécheresse, et le peuple fit des processions; au lieu d'une pluie il survint un orage pernicieux aux vignobles; il fut aisé de convaincre les Valtelinois que le ciel les punissait d'avoir voulu unir leur cause avec celle des adhérents français et cisalpins. Paravicini et Paribelli furent incarcérés, leurs partisans expulsés, la députation aux Cisalpins arrêtée, tous les arbres de liberté brûlés. Dans cet instant une pluie abondante vint soulager les campagnes; Don Diego ruina ainsi ses rivaux et se ménagea la double ressource de pousser son projet ou, si la république cisalpins s'écroulait par les armes de Sa Majesté, de se faire le mérite d'avor empêché ses peuplades de la renforcer par leur accession. Le troisième parti aujourd'hui est dirigé sous main par les Salis, et ne veut ni laisser incorporer la Valteline aux anciennes ligues ni entrer dans aucune liaison avec les Cisalpins et les Français. Ce n'est pas que ce parti prétende qu'il soit possible de faire rentrer la Valteline dans ses anciens rapports avec la république dominante; au contraire, je sais que ses chefs voudraient qu'après avoir rétabli l'ordre en Italie, Sa Majesté fît pour de l'argent ou quelque échange l'acquisition de la Valteline, qu'assurément les Grisons ne sont pas faits pour gouverner; mais cette idée même ne pourrait jamais avoir son exécution, à moins qu'on n'empêche l'incorporation; dès que ce pays cesserait d'être sujet, les Grisons ne pourraient plus le vendre. Il est à tous les égards fort heureux que ce parti soit (comme il paraît) prédominant; il arrêtera du moins tous les progrès de la négociation de Comeyras et de Bonaparte, jusqu'à ce que le sort de la guerre donne une autre tournure aux choses.

Le marquis de Caylus, colonel au service de Sa Majesté, m'a remis l'incluse pour Votre Excellence. Elle renferme une requête à Sa Majesté pour une prolongation de son congé. Le motif de santé qu'il allègue, n'est que trop vrai; je l'ai vu à Fribourg en Suisse, il avait l'air de sortir du tombeau, et j'ai su que depuis son état a derechef empiré. Les mémoires joints à la lettre pour Votre Excellence ont pour objet: 1) Les prisonniers de notre armée revenant de France et repassant par la Suisse dans les Etats de Sa Majesté. Votre Excellence sait que nous avons à Nyon le chef d'escadron Hentzi, et à Bâle plusieurs officiers qui en ont soin, mais comme en effet plusieurs gorges du Jura s'ouvrent entre Nyon et Bâle et débouchent vers Morat, où demeure le marquis de Caylus, je croirais très humblement que son offre de les soigner pourrait être acceptable; il ne s'agirait que de le mettre là-dessus en correspondance avec le chef d'escadron Hentzi et Grasselsberg, et de bonifier dans le temps les frais qu'il aurait faits pour ces soldats. On n'a pas à risquer qu'il en abuserait; c'est un homme d'honneur et de probité, et sincèrement dévoué au service (dont il ne tire aucune gage). L'autre mémoire concerne les intrigues du colonel prussien Pellet, pour engager Berne à se rendre au roi de Prusse aux mêmes conditions comme Neuchâtel; tous les faits dans ce mémoire sont déjà connus de Votre Excellence par les rapports que M. de Degelmann nous en avait faits; et Elle se rappellera que ce projet a d'abord été trouvé absurde et inexcusable; il faudrait que les Suisses eussent perdu le bon sens pour consentir qu'un prince comme le roi de Prusse eût, comme maître de Berne, voix et séance à la diète. Les Français même ne sauraient le permettre; il me paraît que nous pouvons là-dessus avoir l'esprit dans un parfait repos. Même j'ai de la peine à croire que la cour de Berlin pense sérieusement à un projet aussi singulier. Le colonel Pellet, homme inquiet et intrigant, aura voulu prouver son zèle, en se mettant en avant au risque d'être désavoué, si la chose ne réussit pas et si elle faisait éclat. Le zèle du marquis de Caylus le porte à proposer que l'auguste cour pourrait donner commission à quelqu'un d'insinuer au gouvernement de Berne qu'il ferait mieux de se mettre sous la protection de Sa Majesté aux mêmes conditions, comme Neuchâtel est sous la Prusse; mais j'avoue que je ne saurais prognostiquer à ce projet plus de succès qu'à celui du colonel Pellet; ni la Suisse ni la France ne verrait avec indifférence le plus grand monarque de l'Europe prendre tout d'un coup voix et séance à la diète helvétique; cela ferait beaucoup plus de sensation que la chose ne vaudrait, et finalement le très petit avantage qui en pourrait tout au plus résulter, serait anéanti, parce qu'il faudrait encore admettre le roi de Prusse, qui comme prince de Neuchâtel n'a jamais été appelé aux diètes jusqu'ici. Tel est mon sentiment; si celui de Votre Excellence était autrement, Elle voudra bien ne pas douter que je ne me fasse un devoir de faire ce qui se pourra.

Mallet du Pan ne pouvant s'établir à Fribourg en Brisgovie, vu la proximité de l'ennemi, s'est retiré dans la Thurgovie; je suis toujours en rapport avec lui. Si Votre Excellence jugeait à propos de faire rédiger quelques écrits sur les causes de la rupture des négociations, qu'Elle daigne minuter en peu de lignes ce qui lui paraîtrait communicable au public, Mallet mettrait sur le champ la main à la plume, et nous trouverions aisément moyen d'introduire la pièce en France.

13.
Bericht vom November 1797.

Monsieur le baron!

La première nouvelle de la paix et arrivée ici de Milan, le 25 octobre, par un courier que Haller, directeur des finances près de Bonaparte, a expédié au conseil secret de Berne, en même temps qu'un ordre au banquier Zeerleder pour faire acheter sur le champ à Paris des effets nationaux de la valeur d'un demi-million. Cette disposition donna du poids à la grande nouvelle que d'ailleurs, malgré l'intimité de Haller avec Bonaparte, on tenait pour suspecte, vu que (tel était le langage des gens les mieux intentionnés) l'on ne pouvait comprendre, comment Sa Majesté (avec une armée de cent bataillons vers l'Italie, une forte armée sur le Rhin, un allié riche et heureux comme l'Angleterre, un allié puissant comme la Russie, dans un temps où un Augereau, homme très médiocre et fort entêté, commande une armée qui est en fort mauvais état, et où pour la délivrance de la gémissante Italie on paraissait n'avoir besoin que d'un meilleur général que ceux à qui Bonaparte doit des progrès trop aisés) avait pu se déterminer à faire la paix sur la base de la cession de Mantoue, de Mayence, des îles qui commandent l'entrée de l'Adriatique et les avenues de la Dalmatie, de la Grèce et du Levant. Quelques décisives que soient sans doute les raisons que pour une telle révolution notre auguste cour aura trouvées dans la force de quelques circonstances ou événements inconnus, et quelque juste que soit la demande d'une résignation illimitée dans le caractère et les qualités de ceux qui lui auront fait adopter ce système, quelque injuste que soit de la part des Etats de l'empire et d'autres dans leur catégorie cette critique d'une paix quelconque, faite par un monarque aussi mal secondé par ceux-là et point du tout par ceux-ci, il fallut pardonner quelque chose à la vraie douleur de ceux qui y voient le signal du bouleversement de leur patrie ainsi que de tout le midi de l'Europe, et l'anéantissement du seul point d'appui qu'avaient encore leurs espérances.

Peu de jours après, la nouvelle de la paix fut débitée par le général français Alexandre Berthier, lorsqu'il passa par Chambéry, pour occuper en France le ministère de la guerre, et par des courriers d'Insbruck, sur les rapports desquels M. le baron de Summerau eu fit part à plusieurs de nos officiers-généraux. Les canons furent tirés à Genève; il y eut des réjouissances à Huningue, mais il n'y eut pas beaucoup de gens à qui elle fit un plaisir pur: les officiers français croient y voir la mort de leur république dont les partis désormais tourneraient les armes contre eux-mêmes; en effet les gens du civil voient avec effroi la rentrée prochaine d'une partie de troupes; en Suisse on prévoit que, pour éviter de pareils inconvénients, le gouvernement français vertera (!) ses hordes sur les Etats voisins; les Allemands sont alarmés de la crainte du bouleversement de la constitution de l'empire et encore plus de celle de nouvelles guerres au sein de la patrie; l'on trouve assez généralement que le moment où Sa Majesté l'empereur pose les armes et finit cette guerre, unique contre les destructeurs avoués de tous les gouvernements et de toute religion, est un de plus grands et des plus terribles dont il soit mémoire dans les annales du genre humain. A ces raisonnements j'oppose l'assurance que, si la paix est faite, c'est qu'elle était nécessaire et que ses dispositions, qu'elles qu'elles puissent être, sont les plus honorables et les meilleures possibles; et je le prouve: C'est que Votre Excellence n'a pas demandé ni pris sa démission; ce qu'Elle eût sûrement fait plutôt que de présenter à la ratification de Sa Majesté un traité de paix qu'elle-même n'eût pas approuvé.

2) J'ai l'honneur de transmettre à Votre Excellence la copie des pièces relatives à la demande du directoire contre M. Wickham, et une lettre remarquable dont M. l'avoyer Steiguer l'accompagna en me l'envoyant. La note dont Mengaud accompagna l'extrait des registres du directoire n'a rien de remarquable; il n'avait point de lettres de créance. Quand il

vint chez M. l'avoyer et qu'il lui raconta qu'il venait de Pétersbourg et qu'après ne s'être arrêté à Paris que deux jours, il avait reçu cette commission, ce seigneur lui répondit: « Je dois présumer que celle que Vous aviez pour Pétersbourg, n'était pas de la même nature, sans quoi je n'aurais pas l'honneur de Vous voir ici. » Zurich a communiqué cette affaire aux cantons, sans préavis; les réponses ne sont pas encore connues. La résolution de M. Wickham de prendre ce moment pour profiter d'un congé qu'il avait pour Francfort, est généreuse et prudente; son principe est d'épargner au bon parti de très grands embarras et d'ôter à ses antagonistes le prétexte de le ruiner tout à fait. Par là M. Wickham se fait un vrai mérite auprès des Suisses, et il maintient en place et en crédit des chefs et des sénateurs qui dans de meilleurs temps pourront essentiellement contribuer au succès de la bonne cause. Cependant il ne partira point, si on lui fait quelque communication officielle de la démarche des Français, et il reviendra, si on la fait à M. Talbot, son secrétaire de légation: la dignité de la cour et celle même du corps helvétique en serait trop compromise. On sent cela et l'on se gardera bien de faire parvenir à la légation britanniqe aucun avis officiel.

Votre Excellence trouvera dans la lettre de M. l'avoyer de Steiguer et ses alarmes et l'empreinte de son âme, supérieure aux événements. Tous les papiers français, les lettres de Paris, les discours de Bonaparte, de son confident Briche, des mécontents dans les cantons, toutes les indications justifient les premières; on pourrait en être moins inquiet, si la trempe du caractère de M. de Steiguer était commune à un plus grand nombre des chefs de l'Helvétie, si du moins il était secondé. Mais son pouvoir, presque dictatorial du temps des victoires de S. A. R. Mgr. l'archiduc et de la retraite de Moreau, chancelant depuis, est presque anéanti par les derniers événements tels qu'on les débite. L'opposition fait ce qu'elle peut pour répandre la conviction qu'il faut se jeter absolument entre les bras de ceux auxquels on croit abandonné tout le midi de l'Europe depuis l'embouchure du Mein. J'y oppose ce dilemme: que si la paix n'est point faite, la crise n'est pas décidée, et que si elle est faite, on ne saurait rien faire de mieux encore que de tâcher d'obtenir de Sa Majesté qu'elle veuille protéger la Suisse par son intervention auprès d'un gouvernement qui, pour plus d'une raison, doit tâcher de parvenir à une réconciliation et mériter une amitié véritable, de manière qu'encore dans cette supposition notre cour était la plus propre à sauver la Suisse. La position géographique de ce pays rend ce parti le plus plausible, même pour ceux qui s'imaginent voir le nouveau roi de Prusse former avec l'Angleterre et peut-être la Russie une nouvelle coalition; la Suisse serait toujours trop éloignée de la sphère de son activité. Le temps qui fixera des idées plus justes sur le traité de paix (s'il est conclu), pourra seul faire prévaloir ce système de liaisons de confiance de la Suisse avec notre auguste cour; dans ces premiers moments l'on ne voit que le sacrifice du principe, solennellement annoncé, de l'intégrité de l'empire, et l'on bâtit les conjectures les plus singulières sur l'idée de cet abandon des pays de l'occident et du midi.

L'on assure que le gouvernement français poussera l'indiscrétion au point de demander à cette république la destitution des sénateurs les plus connus par leur zèle pour la bonne cause (de M. le banneret Fischer, de M. le comte d'Erlach, baron de Spiez, de M. Kilchberger, baron de Rolle, de M. Manuel, commissaire général). Des parents de M. l'avoyer Steiguer, voyant l'acharnement de ses adversaires, lui ont fait la prière de se conserver, en quittant sa charge; il a répondu que « c'est ce qu'il ne faut pas faire, puisque c'est ce que les autres désirent. »

La lettre que Votre Excellence m'avait fait la grâce de m'écrire le 19 août, m'est parvenue avant-hier; j'ai examiné l'état du cachet: il ne paraissait aucunement lesé; je me suis confirmé dans l'opinion que son retard n'est que la suite de la négligence impardonnable de je ne sais quel commis de postes, qui, à l'occasion de cet accident, aura été, j'espère, ou puni ou du moins averti pour l'avenir. Quoique le principal objet de cette lettre, si lumineuse et si instructive, paraisse manqué (si la paix s'est faite, on ne peut plus écrire sur les obstacles de la paix), j'ai cependant été à même de tirer parti de quelques articles; les Français qui ont bu toute la honte, avaient répandu au sujet de Venise que le sénat ayant proposé à notre cour un moyen ou un plan infaillible de perdre sans ressource l'armée de Bonaparte, Votre Excellence, pour perdre cette république et pour partager ses Etats, avait communiqué le plan du sénat à Bonaparte. La dépêche de Votre Excellence (Elle croira bien que je n'en ai fait qu'un usage verbal) m'a servi pour prouver que de notre part il n'a jamais été question de renverser le gouvernement de Venise ni de l'effacer du nombre des Etats de l'Europe. Ensuite j'ai lu à M. l'avoyer Steiguer et à M. Suard (c'est à dire par extrait et en omettant toute mention de Mallet du Pan) ce beau passage qui traite des vrais obstacles qui avaient empêché la paix pendant six mois. La vérité du contenu, la force des considérations et l'énergie des expressions ont également ému le lecteur et ceux qui l'entendaient, et nous en avons conclu à quel point devaient avoir été impérieuses les circonstances qui ont pu porter la cour à ne pas persister dans ce système.

M. Suard a sans doute l'honneur d'être connu de Votre Excellence, sinon personnellement, du moins comme écrivain. (Il s'honore d'avoir vu V. E. au salon, d'avoir eu quelques conversations avec Elle.) Il travaille actuellement à un ouvrage fort intéressant; c'est ce qui m'a fait juger convenable de l'instruire du principe auquel notre auguste maître avait fermement adhéré dans les négociations d'Udine. Au surplus, nous avons beaucoup cause de l'état de la France. La classe d'hommes qui seule paraît avoir essentiellement gagné à la révolution, est celle des paysans qui, dans plusieurs départements, ne payent rien du tout (aussi les gouvernants qui n'osent les y forcer, sont très mal dans leurs finances), et qui (je sais cela d'un autre) s'opposent souvent à la main armée aux réquisitions militaires. (De là vient le mauvais état de l'armée du Rhin). Ce sont cependant les paysans dont le gouvernement est le plus universellement détesté, c'est qu'ils sont sensibles à la perte de leur félicité domestique par l'esprit d'indépendance qui a gagné leurs femmes et leurs enfants, c'est qu'ils ne peuvent souffrir les intrus qui occupent les châteaux de leurs anciens seigneurs, qu'on a été bien aise d'humilier, mais dont on respectait les antiques noms et même les mœurs chevaleresques, c'est qu'ils ne peuvent se faire à voir leurs parents enterrés sans cérémonie religieuse, à ne recevoir dans aucune occasion des secours spirituels pour leurs âmes timorées, c'est qu'enfin, ne voyant plus d'objet à respecter, le bon sens leur dicte que cela ne peut durer. Le gouvernement français est un despotisme militaire qui ne s'appuie que sur les armées; elles sont pour lui par leurs officiers, gens du néant la plupart, qui craindraient de rentrer dans le néant par toute contre-révolution. Quand Augereau s'est présenté à Genève en 1788 comme maître d'escrime, il a fallu commencer par lui faire présent d'une pair de culottes et d'une veste pour qu'il puisse paraître à la salle d'armes; aujourd'hui il a un carrosse qui vaut 25,000 francs, et il s'est tellement fâché contre le directoire de n'y avoir pas été élu à la place de Carnot, qu'on a longtemps délibéré s'il convenait de l'incarcérer ou de lui donner un commandement. Ce qui perdra ce despotisme, c'est la difficulté de contenir des hommes que leur fortune a accoutumés aux désirs immodérés et trop extravagants pour pouvoir être satisfaits, quelque envie que l'on eût. Et le premier qui osera planter dans quelque département l'étendard d'une révolte militaire, aura la nation pour lui. M. Suard est persuadé qu'outre ceux que le directoire paie, il n'a pas mille adhérents entre Calais et les Pyrénées, et aussi que la force militaire actuellement existente, est la dernière et dont les pertes ne sauraient pas être remplacées. Il attribue l'apathie que nous voyons à la peur qu'inspire le militaire qu'on sait n'être plus occupé au dehors.

Il n'a pas su m'exprimer assez le point de dégradation auquel en est la culture de l'esprit et des mœurs. On a vécu jusqu'ici sur les fonds de l'ancienne instruction. Depuis 1789 on n'étudie plus; il n'y a plus d'écoles à la campagne ni dans les petites villes, à peine l'on apprend à lire, et on ne lit que les journaux. Des meilleures brochures il s'en débite à peine 500 exemplaires, d'un journal 6, 8 — 10000, et l'on peut compter dix lecteurs de chaque exemplaire. Dans cette lecture on passe vite d'un objet, d'une idée à l'autre, et c'est pour s'être absolument désaccoutumé de la réflexion que, comme disait Dumas, « en France il n'y a plus d'hommes, il n'y a que des événements ». Suard dit que, s'il n'y a plus des hommes, c'est parce qu'il n'y a plus *un* homme. C'est un des caractères les plus indélébiles de la révolution, qui a passé même à ceux qui en ont souffert, que chacun se révolte contre la supériorité d'autrui. C'est parce que le parti constitutionnel n'a pas voulu se soumettre à la conduite d'un chef, qu'avec des forces majeures il est si misérablement tombé le 18 fructidor.

13.
Bericht vom Dezember 1797.

Monsieur le baron!

Si la cour a proposé à Udine quelque démembrement de la Suisse, je ne suis rien moins qu'étonné qu'on n'ait point voulu en entendre parler, puisque une disposition de ces mêmes conventions d'Udine donne la Suisse au Français toute entière. Cela commence à s'exécuter, et à vue d'oeil la révolution de ce pays pourra être l'ouvrage de peu de semaines.

J'apprends par les employés du gouvernement français qu'il a été stipulé (sans restriction, à ce qu'il paraît) que la république française prendra possession de tous les biens du ci-devant évêque de Bâle. V. E. a vu par plusieurs de mes rapports qu'il y en a de ces terres qui comprennent les défilés de la Suisse, et que de Bienne, qui en faisait partie, il n'y a que sept lieues de terrain assez uni jusqu'aux portes de Berne, et seulement quatre jusqu'à celles de Soleure. Les Français viennent d'occuper ces terres et ces passages avec des forces militaires bien plus que suffisantes pour s'emparer d'un pays dont les habitants ne résistent pas, et en même temps trop nombreuses pour ne pas alarmer le canton de Berne. Au même instant l'on entend les réclamations du pays de Vaud qui veut se constituer en république. Si les Bernois marchent pour le réduire, ils ne seront pas à Morat que les Français, protecteurs de tout peuple qui ne veut plus obéir à un autre, arriveront de Bienne à Berne. Si les Bernois implorent le secours des cantons, Zurich se trouvera paralysé par les dispositions des accoles (!) du lac; les gouvernements des autres cantons craindront les uns leur peuple, les autres d'offenser la république française. Si Berne est obligé de souffrir que le pays de Vaud soit soustrait à sa domination, et que de la réunion de ses bailliages avec ceux que Fribourg y possède et vraisemblablement avec le bas Valais, il se forme un canton indépendant, de la force d'environ 200000 âmes, la république sət perdue; les villes municipales d'Aargovie suivront l'exemple du pays de Vaud, et il sera imité par les montagnards de l'Oberland qui ont un amour ardent de la liberté. Berne détruite entraînera tous les autres cantons-villes. La révolution se propagera avec la rapidité d'un torrent. Deux mois ne se passeront pas qu'il n'y ait dans la Suisse une assemblée nationale, puis deux conseils, un directoire exécutif, la même affiliation à la république-mère et la même fraternisation avec les républiques sœurs que nous voyons entre la France, la Hollande et la Lombardie. De là il résulte que la république française sera plus forte encore de deux millions et de toutes les positions importantes qui dans les Alpes et sur le Rhin lui assureront les avenues de l'Italie, du Tyrol et de la Souabe. Telle est la suite de l'abandon des défilés de l'évêché de Bâle. Quelle paix, s'écrient des gens à préjugés, que celle qui laisse à l'empereur à peu près le nombre de sujets qu'il avait, et qui augmente de plus d'un tiers le nombre des républicains français, qui arrondit les possessions de S. M., mais qui donne à la France tout le Rhin depuis le mont Adula jusqu'aux sables de la Hollande, bien des avant-postes et des vedettes du côté de l'Allemagne et de la monarchie autrichienne, l'Italie, la clef de l'Adriatique, les avenues de la Grèce et celles de l'archipel du Levant. Je la remercie de ne m'avoir pas employé à Udine; je me serais opiniâtré pour la Suisse comme pour Corfou.

Dans ces circonstances je ne puis assez me louer des manières prévenantes des employés français qui se sont expliqués avec moi, dans ma qualité de citoyen de la Suisse, avec cette confiance obligeante dont les ouvertures ne sont ordinairement qu'une anticipation de ce qu'un homme de sens aurait bientôt entrevu par lui-même, et qui engage cependant à une réciprocité de procédés. Ils auraient même souhaité de me voir rester dans ce pays pour donner à mes compatriotes des conseils, propres à éviter des éclats et des malheurs. C'est que, très éloigné d'un aveugle enthousiasme, dès que j'ai vu la cour leur avoir livré une des principales portes de la Suisse, sans la moindre barricade close, j'ai senti comme eux que la Suisse ne saurait rester ce qu'elle est, et je n'ai été rien moins que surpris du reste de leurs plans, sur lequel nous avons parlé bien amicalement. Il est certain que comme Suisse je ne saurais m'affliger de voir mon pays sortir de cette nullité, dans laquelle il végétait sous des magistrats bourgeoisement honnêtes, mais politiquement très ineptes, pour reprendre parmi d'autres peuples la considération que lui vaudra la bravoure de ses habitants, la force de sa position, sa fidélité et son ardeur pour les amis et la cause qu'on l'oblige d'adopter. Il est vrai que l'écroulement de la longue et innocente administration de ses seigneurs bourguemestres, avoyers, landammanns et conseils pourra devenir fatal au bonheur d'un très grand nombre de familles. Il est vrai encore que la perte de tous les avantages que la Suisse offrait, et de l'avantage dont sa constitution était réellement pour les voisins, peut, dans des conjonctures prévoyables, entraîner pour la monarchie autrichienne de graves inconvénients. Aussi je n'ai, ni comme citoyen suisse ni comme conseiller du département des affaires étrangères de S. M. l'empereur et roi, rien omis pour faire prendre à la cour un intérêt au maintien de l'état de ce pays, qui eût pu le sauver et valoir à la cour son attachement. Car l'indifférence et la méfiance dont j'ai reçu tant de preuves depuis que je suis venu à Vienne, ne m'ont jamais empêché d'être de bonne foi envers la cour[1]). Mais le silence qu'Elle a gardé sur 22 rapports que j'ai addressés à V. E., tous dans le même esprit, m'a prouvé que j'ai mal connu ses principes. C'est ce silence qui me fait espérer d'obtenir une grâce que je demande à V. E. C'est que, si Elle a quelquefois vu avec un sourire de dédain les faibles efforts que je faisais pour cimenter entre ma cour et mon pays des rapports réciproquements utiles, V. E. voudra considérer que je naviguais sans boussole dans un temps d'orage ténébreux qui couvre l'océan des débris d'une multitude de petits Etats et secoue fortement les bases de ceux qui ne paraissent que s'affermir, en acquérant une surface plus étendue.

Comme je viens de recevoir la lettre de change que j'ai demandée à M. de Daiser dans le billet que j'avais pris la liberté de joindre à mon rapport du 22 novembre, je ferai ce dont j'ai alors prévenu V. E.; je me remettrai en voyage pour Vienne dès demain. Sans doute je ne contreviens par là à aucune intention de V. E. Comme cependant je dois m'arrêter encore deux jours à Schaffhouse, et comme la dégradation des routes, jointe à des pluies presques journalières, ne me permettra pas de voyager rapidement, je pourrais trouver encore à Munich des ordres de V. E., si Elle avait à m'en donner, qui me fissent rétrograder ou prendre quelque autre direction.

15.[2])

Thugut an Müller.

Wohlgeborner Herr!

Ich ersuche Eure Wohlgeb., das angebogene (!) Antwortschreiben dem Herrn Schultheiss von Steiger zuzustellen oder an denselben gelangen zu

---

[1]) Dieser Satz ist nachträglich von Müller gestrichen worden.
[2]) Siehe oben p. 30.

lassen; zu Dero eigener Wissenschaft und um auch andern guten Freunden, welche eine ähnliche Besorgniss äusserten, die nemliche in der strengsten Wahrheit gegründete Versicherung geben zu können, entstehe (!) ich nicht, eine Abschrift hievon hier anzuschliessen.

Die sämmtlichen Schreiben Eurer Wohlgeb. sind mir richtig zugekommen, und ich bin Deroselben für die darin enthaltenen interessanten Nachrichten sehr verbunden.

Ich verharre etc.
Wien d. 16. Dezember 1797.   Baron von Thugut[1]).

Thugut an Schultheiss Steiger.

Vienne le 16 déc. 1797.

J'ai reçu la lettre que Vous m'avez fait l'honneur de m'écrire le 19 du mois passé, et je suis touché, comme je le dois, de la confiance que le conseil secret de la république de Berne veut bien m'accorder. J'ai la satisfaction, Monsieur, de Vous assurer que l'empereur est très éloigné de toute intention de porter la moindre atteinte à l'indépendance, à la constitution ou à l'intégrité du territoire des cantons helvétiques, que Sa Majesté en désire sincèrement le maintien, et qu'il ne dépendra pas d'Elle d'y contribuer dans les occasions, pour autant que les circonstances pourront le permettre. Flatté, Monsieur, de pouvoir Vous témoigner en mon particulier les sentiments que le renom de Votre sagesse et de Vos vertus m'a inspirés, j'ai l'honneur d'être etc.

Müller an Steiger.

Vienne, 6 janv. 1798.

J'ai l'honneur de transmettre à V. E. une lettre que S. E. M. le baron de Thugut m'avait adressée pour Elle à Bâle et qui n'y est arrivée que quelques jours après mon départ.

J'ai été chargé en même temps d'assurer V. E. que jamais dans les négociations d'Udine il n'a été fait mention d'aucun projet tendant à léser en rien l'intégrité du corps helvétique ni celle d'aucun de ses membres, et qu'en toute occasion où il sera possible à la cour de rendre, sans compromettre le repos de ses propres Etats, des services à un aussi bon voisin que la Suisse, elle le fera de la meilleure foi du monde et avec l'intérêt que la cour ne cesse de prendre à son bien-être.

---

[1]) Eigenhändige Unterschrift.

J'espère que les résultats de la diète d'Aarau donneront une nouvelle consistance à notre patrie commune. Je ne doute pas que, d'après l'exemple d'autres gouvernements sages, on ne cherche son affermissement dans son principe même, en renouvelant et en perfectionnant selon les besoins de nos temps cette antique confédération, à laquelle nos pères furent redevables de deux siècles de gloire et de trois siècles de tranquillité. Cette mesure produirait entre tous les membres de cette union et entre les gouvernements et les peuples cet accord, absolument nécessaire pour notre conservation dans ce moment et à jamais. Il est sans doute nécessaire de s'élever pour cet effet à des idées et des sentiments qui ne sont pas de routine: mais ce qui est généreux et grand n'a jamais été étranger au sénat de Berne, dont le chef actuel est infiniment propre à le rappeler aux exemples de prudence et de modération, consignés dans les annales de la république, à lui faire sentir la différence des formes qui ont bien souvent changé, avec ce qui en effet constitue la république, l'indépendance et l'esprit public, et à lui faire adopter à temps et avec une glorieuse spontanéité les moyens les plus propres à préserver Berne et toute la Suisse de convulsions qui lui seraient pernicieuses.

J'ai l'honneur etc.